本书的写作与出版获得以下项目资助：（1）广东省哲学社会科学"十二五"规划 2015 年度课题"提升全面深化改革的价值共识与主体自觉问题研究"（项目编号：GD15CZX03）；（2）2017 年度广州市社科规划重点课题"构建广州枢纽型文化网络体系研究"（项目编号：2017GZZD01）；（3）2018 年度中共广州市委党校重点课题"提升广州作为粤港澳大湾区文化枢纽的引领能力研究"（项目编号：DXZK1803A）。

李仁武 著

城市文化发展引论

Introduction of City Culture Developing

世界图书出版公司

西安 北京 上海 广州

图书在版编目（CIP）数据

城市文化发展引论/李仁武著.—西安：世界图书
出版西安有限公司，2019.12
（学术文库）
ISBN 978-7-5192-6851-0

Ⅰ.①城… Ⅱ.①李… Ⅲ.①城市文化—文化发展—
研究 Ⅳ.① C912.81

中国版本图书馆 CIP 数据核字（2019）第 253474 号

书　　名	城市文化发展引论
	CHENGSHI WENHUA FAZHAN YINLUN
著　　者	李仁武
责任编辑	雷　丹
出版发行	世界图书出版西安有限公司
地　　址	西安市锦业路 1 号都市之门 C 座
邮　　编	710000
电　　话	029-87214941 87233647（市场营销部）
	029-87234767（总编室）
网　　址	http://www.wpcxa.com
邮　　箱	xast@wpcxa.com
经　　销	新华书店
印　　刷	天津雅泽印刷有限公司
开　　本	787mm×1092mm，1/16
印　　张	11.75
字　　数	200 千字
版　　次	2020 年 1 月第 1 版　2020 年 1 月第 1 次印刷
国际书号	ISBN 978-7-5192-6851-0
定　　价	46.00 元

前　言

　　文化是城市的灵魂，决定城市的品格。不同风格的城市蕴含不同的文化特色，不同的文化个性彰显不同的城市魅力。在城市发展过程中，长期积淀的厚重文化成为一个城市最基础、最本质、最深刻的内涵和底蕴。如果说城市是人类文明进步的产物，那么城市的文化发展就是城市文明进步的集中体现；如果说文化是人类文明进步的标志，那么城市文化的不断发展则彰显着人类文明进步的历史进程。因此，我们关注城市的发展需要高度关注其文化的发展，要对推动城市文化建设和发展有基于理性认知的实践自觉。

　　按照唯物史观的社会发展理论，城市发展体现着生产关系和生产力之间、上层建筑和经济基础之间矛盾运动的历史过往、现实权变和未来趋向。在社会进步的历史过程中，一个城市文明发展水平的高低内含着社会基本矛盾的解决方式及所达到的合理状态，其结果最终都是由其所达到的文化进步来衡量和表达的。从历史的维度来看，考量一个城市的文化进步程度要看其历史沉淀是否足够厚重及能否从历史积淀中提炼出独特的城市文化个性；从现实的维度来看，考量一个城市的文化进步水平也要从其当下的社会生产、生活的元素当中去考察一个城市具有怎样的文化生态、文化风格和文化张力。可以说，一个城市的进步和发展水平最终要通过其文化的进步和发展来体现，即要看它具有什么样的文化品格、达到什么样的文化状态及由此带来怎样的文化影响，包括它给人们带来什么样的文化感受。所以，文化是城市发展的重要标志，是城市特色的基本内涵。

　　在城市发展进程中，其经济功能总是外显的、突出的，容易被重视。特别是近代以来城市的快速扩张和经济的巨大繁荣，城市的经济功能被迅速地放大了，似乎城市是一个被反复经营并能带来巨大收益的"经济摇篮"。但是，对于一个城市的发展而言，其文化功能又是不可或缺的，因为经济是文化的外显，文化是经济的内涵，两者不可分割。在全球化背景下，城市的文化形象更是一个城市的无形资产，对于城市的发展具有举足轻重的意义。一般而言，良好的城市文化形象，等同于城市的"金字招牌"，可以展示城市的独特魅力，有利于吸引投资、人才和技术等高端要素的聚集，有利于城市的对外交流和国际化，使城市经济、文化、社会等各项事业持续发展并带来巨大的经济收益，从而增强城市的影响力和竞争力。尤其在人们越来越注重个性化、差异化发展的当下，一个城市所具有的文化特色和所展示的文化品位是其最受关注的内容，也是提升城市竞争力最重要的人文优势。

在文化学意义上，"城市文化"概念一般是指一个城市在长期发展过程中由其市民共同创造并反映其社会生活状态的思想、理念、知识、信仰、道德、法律、艺术、习俗、技能、建筑、场景等的总和，它表现出一个城市文明进步所具有的内容、水平和丰富程度。城市文化由物质文化和精神文化两大类所构成，其中物质文化由物质的或有形的器物构成，包括建筑、园林、广场、道路等，它作为文化景观构成城市文化发展的外在风貌，是城市文化风格最生动、最直观、最形象的呈现；精神文化是指知识、信仰、道德、习俗、制度、法律及市民的理想信念、精神追求、社会心态等无形要素，它是城市文化的思想内涵和深层结构。如果说现代城市建筑由于使用各种标准化材料或构件会有这样或那样的雷同，但是一个城市的文化根基是历史的产物，具有族群之间相互体认的传承性，不可能简单被复制。那些经历千百年风雨洗礼的城市，其历史沉淀的那份厚重就更是如此。因此，文化是一个城市形成其独特魅力的重要基础，也是一个城市具有影响力的重要前提。在城市的国际化竞争越来越激烈的背景下，提升城市核心竞争力已成为各个城市谋求发展的战略选择，因而关注文化建设和发展、关注文化形象和文化品位的提升，就应当成为政府真正付诸实践的责任、使命与担当。

从社会生活层面看，人们对一个城市的了解和认知虽然往往是从旅游观光开始的，但多少也有一点对这个城市的文化尊重和文化向往。因为一个城市之所以能够吸引人们愿意来此旅游观光，除了具有独特的自然风光之外，就在于它还有别具一格的文化景观，比如北京的故宫、西安的兵马俑、杭州的西湖、巴黎的埃菲尔铁塔、悉尼的歌剧院、伦敦的大本钟等。众所周知，每个文化景观其实都包含着一个城市最有特色的经典故事，能激发人们产生前往参观的冲动，甚至会形成渴望文化朝圣、接受文化洗礼的强烈愿望。因此，旅游观光本身就包含着对于一个城市文化吸引力的认可与接受。如果对一个城市还怀有很深切的好感，就意味着对这个城市的文化内涵或文化品格是发自内心的喜欢、尊敬，这也表明城市文化可以作为一种价值理想和生活追求被人们所推崇，成为人们期待可以享受"诗意栖居"的精神家园。因而，重视城市文化建设和发展是提升和丰富城市文化内涵、增强城市文化影响力、赢得更多文化尊重、满足人们美好生活需要的必然要求。

约瑟夫·奈的"软实力"理论认为，"软实力"是一种利用"非强迫手段"来达己所愿（目的）的能力，主要包括文化的影响力、意识形态的感召力及政治价值观与制度安排的吸引力等。在全球化背景下，"软实力"是一个国家综合国力的重要组成部分，也是一个城市综合竞争力的重要组成部分。这一理论之所以被广泛推崇，就是因为它超越了关注"硬实力"竞争的惯常思维，提出"软实力"较量的新视域和新观点。虽然在国家、地区乃至城市之间的竞争当中"硬实力"和"软实力"并不能简单分开，但是约瑟夫·奈的"软实力"理论突出了文化因素在综合竞争中的重要地位，凸显了推动文化发展、扩大文化影响所具有的功能和作用。在约瑟夫·奈提出"软实力"概念之后，文化发展问题在全球范围受到了前所未有的重视。因为文化既是构成"软实力"的重要因素，也是"软实力"发挥作用的重要途径，推动城市文化建设和发展应当成为提升城市文化软实力的重要抓手。因而，需要把文化建设和发展作为一项基础工程，与经济建设、政治建设、社会建设和生态文明建设融为一体，贯彻落实到推动城市发展的总体布局、全面规划和系统安排当中，把城市的文化功能充分凸显出来。

中华人民共和国成立以来，我们国家的文化建设不断繁荣发展，取得了长足进步，从文化基础设施建设水平的提升，到公共文化产品和服务供给能力的增强，让人民群众在精神文化生活上有了前所未有的获得感和幸福感。总结中华人民共和国成立 70 年来文化建设和发展的成功经验，最重要的一条就是在中国共产党的领导下，坚持文化为人民服务、为社会主义服务，坚持百花齐放、百家争鸣，坚持创造性转化、创新性发展，成功找到了中国特色社会主义文化发展道路。党的十九大明确提出，要坚定文化自信，坚持中国特色社会主义文化发展道路，推动社会主义文化繁荣兴盛，建设社会主义文化强国，不断铸就中华文化新辉煌。这是我们党在中国特色社会主义进入新时代的历史新阶段对如何推进文化建设和发展所做出的决策部署，也是贯彻落实习近平新时代中国特色社会主义思想需要遵循的行动指南。

那么，进入新时代之后，面对文化发展的新要求，城市文化建设和发展应该如何推动？这既是一个值得研究的重要理论问题，也是一个值得探索的重要实践问题。从理论问题来看，自刘易斯·芒福德提出并系统研究"城市文化"问题以来，学界对这一问题的研究不断受到关注。日前的研究主要从两个基本维度展开：其一是把城市作为文化研究的重要对象，从客体性和历时性的层面来分析城市发展过程中不同时期、不同类型的城市文化现象、特征及功能，研究城市文化进步和发展所呈现的客观逻辑；其二是从城市规划和建筑设计方面对城市发展做人文主义的艺术分析和审美考量，研究城市应当如何体现文化的内涵和品格，增强城市建设和发展的规划水平和设计感，以满足人们对艺术与审美的文化要求。这些研究无疑是很有价值的，但是如何把城市文化作为一个完整的系统来看待，研究它面向未来的发展规律还是需要进一步深化的。从实践问题来看，如何加强城市文化建设、提升城市文化软实力是全球化背景下城市发展面临的突出问题，它影响到城市发展的地位和作用，因而成为实施"文化强市战略"必须解决的重要问题。

面对这样的问题，本书立足广州推动城市文化建设和发展的具体实践，在理论与实践的结合上进行一些学术思考。拟在深化关于城市文化建设相关理论研究的基础上，把广州作为典型案例开展有针对性的应用对策分析，以期为当下加强城市文化建设、更有效地实施"文化强市战略"，给出基于学术研究、经验总结与路径分析相统一的学术指引。具有 2200 多年建城历史的广州，作为海上丝绸之路"发祥地"、岭南文化"中心地"、中国民主革命"策源地"、改革开放"前沿地"享誉世界。从历史走来，广州既是万商云集、长盛不衰的"千年商都"，也是西方文化最早传入的"西来初地"，更是开放包容、得风气之先的"时尚之都"。在改革开放过程中，一度从广州兴起的"广式文化潮"，吹响了思想解放、观念更新的时代号角，引领了敢闯敢干、勇于创新的时代风气，向世界展示着这座城市所具有的无限魅力与发展活力。目前，广州正以改革开放以来文化建设取得的历史性进步为基础，着力提升城市文化综合实力，努力朝着建设"全球区域文化中心城市"的目标迈进，将越来越发挥出中华文化走向世界的"桥头堡"作用。广州在全国乃至世界都有重要影响，其文化建设和发展很有代表性和示范性，因而以广州的城市文化建设和发展作为理论应用于实践的分析案例无疑是很有价值的。笔者认为以广州作为典型案例的研究，可以为推动城市文化的建设和发展提供有可行性参考的对策分析。

本书结合广州推动城市文化建设和发展取得的重要经验、面临的重大问题、做出的重大决策、采取的重要举措，展开对城市文化建设和发展问题的分析和探讨。全书总共分为十章，第一章"推进城市文化建设的理性共识"，主要探讨城市文化建设和发展应当如何坚持正确方向、明确基本遵循；第二章"全面加强城市文化形象建设"，主要探讨城市文化建设和发展应当如何围绕提升城市文化形象来展开；第三章"城市人文品格形成的源与流"，主要探讨城市文化建设和发展应当如何坚定文化自信并传承好自己需要恪守的文化根脉；第四章"构建枢纽型城市文化网络体系"，主要探讨现代城市文化建设和发展如何进行全面、系统的布局及如何构建文化网络体系；第五章"推动公共文化服务转型升级"，主要探讨城市公共文化服务体系和能力建设如何不断提升，以满足人民群众日益增长的对美好生活的文化需求；第六章"推动现代文化产业融合发展"，主要探讨城市文化建设和发展所需要的产业支撑以及推动文化产业的融合发展；第七章"推动创新文化的建设与发展"，主要探讨建设创新型城市需要有创新文化的培育作为基础以及如何加强创新文化建设；第八章"推动政务文化的伦理化发展"，主要探讨把政务文化纳入城市文化建设的范围以及如何推动政务文化的伦理化发展；第九章"提升国家中心城市文化功能"，主要探讨城市文化发展如何与城市的整体功能提升相匹配并把城市的文化功能凸显出来；第十章"推动城市文化建设走向未来"，主要探讨新时代城市文化建设面向未来发展应当如何做好布局和规划以及如何强化新的使命与担当。

城市建设是一个不断探索、不断延续、不断发展的历史过程，与之相应的城市文化建设和发展总是永远在路上，对城市文化建设和发展方向的学术研究同样也永远在路上。本书之所以取名为《城市文化发展引论》，一方面是想强调在新时代对加强城市文化建设和发展问题的研究需要引起高度重视，要把它作为一项基础工程纳入城市发展的全局来安排和布置，在提升城市文化综合实力的同时，充分发挥文化引领和驱动发展的重要作用；另一方面是想通过面向实践的对策研究和案例分析，为当下推动城市文化建设和发展的工作部署给出一些具有针对性或可参照的路径指引；此外，由于本人的研究能力和水平有限，本书给出的学术指引是非常粗浅的心得，甚至可能还有不少需要修正的谬误，取名为"引论"也有抛砖引玉之意，在此恳切希望各位学界同人和广大读者对本书提出宝贵意见。

实践没有止境，学术研究也没有止境。"路漫漫其修远兮，吾将上下而求索。"伴随城市文化建设和发展不断走向未来，呼唤相关的学术研究不断深化，不断给出指导实践的新思想、新理念。在学术研究的新征程上，笔者也将以本书的出版为基础，结合广州推动城市文化建设和发展不断开启的新实践，进行更深入的学术探讨和更充分的实践经验总结，努力把城市文化建设和发展问题的研究提高至更高水平。

目　录

第一章　推进城市文化建设的理性共识

改革开放以来，伴随着经济持续快速健康发展，广州的文化建设也取得了长足进步，文化软实力显著提升，城市文化形态发生了历史性巨变。广州的城市文化建设对广东乃至全国而言都是很有代表性的缩影。在改革开放过程中，广州在文化建设的实践中逐步形成了坚持社会主义先进文化的前进方向、坚持以人民为中心的文化发展理念、坚持以传承中华文化作为发展根基、坚持以深化文化体制改革作为发展动力等理性共识。这既是值得总结的重要历史经验，也是新时代推进文化建设需要强化的实践自觉。

一、坚持社会主义的文化发展方向

改革开放是关乎当今中国前途命运的深刻变革，更是一项前无古人的伟大实践。正如习近平总书记所说："改革开放是我们党的历史上一次伟大觉醒，正是这个伟大觉醒孕育了新时期从理论到实践的伟大创造。"[1] 那么，广州靠什么能够始终走在改革开放的前列？恐怕一个最重要的因素就是有先进文化的引领和支撑。所以，广州推进文化建设首要的成功经验，就在于始终坚持社会主义先进文化的前进方向，坚定不移地走中国特色社会主义的文化发展道路，充分发挥文化对改革开放走在前列的理论指引、智力支持，为解放思想、敢闯敢试提供精神动力。

---

[1] 中共中央文献研究室：《习近平关于全面深化改革论述摘编》，中央文献出版社，2014年，第2页。

（一）掌握意识形态工作领导权

文化是社会生活实践的产物。在人类文明进步过程中，文化一经形成就作为相对独立的思想意识形态和社会意识形式，影响和制约着人们的社会行为。根据文化对人类文明进步所起的不同作用，文化有先进文化和落后文化（或称为糟粕文化）之分。对于自觉自主开展的文化建设而言，选择什么样的方向和道路其实就是选择什么样的文化作为发展目标和发展内容，在本质上是要回答到底应该用什么样的文化来引领和推动社会发展的问题。为此，党的十九大报告明确指出："意识形态决定文化前进方向和发展道路"[1]，因而要"牢牢掌握意识形态工作领导权"[2]。

在改革开放过程中，广州在城市文化建设上始终坚持以马克思主义作为统领，强调解放思想、实事求是。这其中，首先面临的问题是要弄清楚什么是马克思主义、什么是社会主义，否则就很难说自己走的是以马克思主义为指导的社会主义文化发展道路。对此，邓小平曾经反复说过："我们总结了几十年搞社会主义的经验，社会主义是什么，马克思主义是什么，过去我们并没有完全搞清楚。"[3]面对这样的问题，广州在城市文化建设中以推动"真理标准问题大讨论"为切入点，把"实践是检验真理的唯一标准"作为形成思想共识的基础，结合改革开放的实践对什么是马克思主义、什么是社会主义的问题进行深刻反思，逐步从那些对马克思主义和社会主义死板的、僵化的和教条式的理解中解放出来，形成了对马克思主义作为科学世界观和方法论的真理性认识。

尤其是在改革开放过程中，坚持用发展着的马克思主义指导社会主义文化建设的具体实践，努力用邓小平理论、"三个代表"重要思想、科学发展

---

[1] 习近平：《决胜全面建成小康社会　夺取新时代中国特色社会主义伟大胜利——在中国共产党第十九次全国代表大会会上的报告》，人民出版社，2017年，第41页。

[2] 习近平：《决胜全面建成小康社会　夺取新时代中国特色社会主义伟大胜利——在中国共产党第十九次全国代表大会会上的报告》，人民出版社，2017年，第41页。

[3]《邓小平文选》（第3卷），人民出版社，1993年，第137页。

观和习近平新时代中国特色社会主义思想等当代马克思主义中国化的最新成果武装头脑，从而坚定中国特色社会主义的道路自信、理论自信、制度自信和文化自信，始终高举中国特色社会主义伟大旗帜不动摇。在推动城市文化建设过程中，既不走封闭僵化的老路，也不走改旗易帜的邪路，而是"以马克思主义为指导，坚守中华文化立场，立足当代中国现实，结合当今时代条件，发展面向现代化、面向世界、面向未来的，民族的科学的大众的社会主义文化，推动社会主义精神文明和物质文明协调发展"[1]。所以，广州的城市文化建设伴随着落实"三个有利于"标准推动改革开放的实践一路前行，进入新时代又在习近平新时代中国特色社会主义思想的指引下迈出新步伐，充分体现着坚定不移走社会主义文化发展道路的坚定信心和缘于对推动社会主义文化繁荣兴盛的理性坚守而不断开拓创新的实践自觉。

（二）培育社会主义核心价值体系

　　作为社会生活的意义表达和理性认知，文化建设的一项重要任务就是在全社会培育起能引领社会发展进步的公共价值理性，关键是要培育、树立和践行具有最大公约数、被全社会广泛认同的核心价值观。历史表明："我们党团结带领人民完成社会主义革命，确立社会主义基本制度，推进社会主义建设，完成了中华民族有史以来最为广泛而深刻的社会变革，为当代中国一切发展进步奠定了根本政治前提和制度基础，实现了中华民族由近代不断衰落到根本扭转命运、持续走向繁荣富强的伟大飞跃。"[2]中华人民共和国成立70年来取得的辉煌成就，让中国民族迎来了从站起来、富起来到强起来的伟大飞跃，让中国人民告别温饱到实现总体小康到走向全面小康，进入了逐步过上美好生活的新时代。这其中，最能形成思想共识的一条就是只有社会

---

[1] 习近平：《决胜全面建成小康社会　夺取新时代中国特色社会主义伟大胜利——在中国共产党第十九次全国代表大会上的报告》，人民出版社，2017年，第41页。

[2] 习近平：《决胜全面建成小康社会　夺取新时代中国特色社会主义伟大胜利——在中国共产党第十九次全国代表大会上的报告》，人民出版社，2017年，第14页。

主义才能救中国、只有中国特色社会主义才能发展中国。这也深刻表明：社会主义核心价值观毫无疑问要成为当代中国精神的集中体现，它凝结着全体人民共同的价值追求。因而，城市文化建设就要以此作为基本的立足点，强化社会主义核心价值观的凝聚力和引领力，"发挥社会主义核心价值观对国民教育、精神文明创建、精神文化产品创作生产传播的引领作用，把社会主义核心价值观融入社会发展各方面，转化为人们的情感认同和行为习惯"[1]。

在改革开放过程中，广州的城市文化建设坚持围绕树立和践行社会主义核心价值观来展开，把社会主义核心价值观作为文化建设必须强化的主题，注重正确处理文化主旋律与多样性的关系。强调文化建设的主旋律，就坚持社会主义核心价值观的主导地位和统领作用，并把它作为一条红线贯穿于推动文化建设和发展的全部工作中，消弭改革开放过程中各种似是而非的错误思想或认识误区，以平衡和整合各种社会心理，化解各种文化冲突，形成推动改革开放不断走向深入的公共价值理性。提倡文化建设的多样性，就是坚持"百花齐放、百家争鸣"的方针，调动有利于社会主义文化建设和发展的一切积极因素，鼓励不同形式和风格的文化类型自由发展，在不断满足人民群众文化需要的同时推动城市文化建设走向繁荣兴盛。

在改革开放过程中，得风气之先的广州一直是对外开放的"窗口"和"门户"，受到西方文化的强烈影响和冲击，但是为什么广州人并没有因此而成为"西化"的俘虏？既没有忘记自己的文化身份，没有迷失自己的文化发展方向，也没有丧失为实现中华民族伟大复兴而奋斗的精神斗志？可以说，最根本的原因就在于广州面向世界、面向现代化、面向未来谋发展，大胆学习、吸收和利用国外的先进思想、理念、技术、经验的同时，始终坚守着自身文化发展的根脉、本来和自信，始终坚持了社会主义先进文化的前进方向，在社会主义核心价值观的统领下不断推进传统与现代的融合、自我与他者的互鉴，并由此催生了主导性与多样性相得益彰的文化兴盛。广州的城市文化发

---

[1] 习近平：《决胜全面建成小康社会 夺取新时代中国特色社会主义伟大胜利——在中国共产党第十九次全国代表大会上的报告》，人民出版社，2017年，第42页。

展一度形成了在全国很有影响力的"广式文化潮"，《雅马哈鱼档》等经典作品对改革开放的时代精神进行了生动诠释，对推动改革开放的深入发展发挥了十分重要的引导和示范作用。

（三）加强社会主义思想道德建设

思想道德建设是文化建设的重要内容，社会道德风貌如何也是衡量文化建设成效的重要尺度。在改革开放过程中，从原来的计划经济不断走向市场经济，经济发展的活力显著增强，人们的物质生活水平得到快速提高，但是市场化过程对社会生活所产生的负面影响也不断向道德领域渗透，出现了许多以"向钱看"为特征的拜金主义、"钱权交易"、贪污腐化等不道德现象，对文化建设尤其是思想道德建设提出了严峻挑战。广州走在改革开放前列，这样的挑战毫无疑问也是要首先面对。能否经受住这样的挑战，对广州文化建设而言是非常严峻的考验。

面对这样的挑战和考验广州并没有退缩，更没有选择逃避，而是在实践中坚定中国特色社会主义的文化自信，积极探索加强社会主义思想道德建设的成功路径。广州积极引导市民从养成文明行为习惯做起，把提高思想道德素质融入社会生活的各个方面、融入群众性精神文明创建活动的过程之中。在改革开放过程中，大力推进以"环境优美、治安良好、服务配套、道德高尚、人际和谐"为主题的创建文明行业活动；深入开展"五提倡、五反对"（即提倡科学，反对迷信；提倡诚实劳动，反对好逸恶劳；提倡文明生活，反对赌博吸毒；提倡移风易俗，反对乱埋乱葬；提倡优生优育，反对抢生超生）为内容的"两个告别，两个走向"（即告别贫穷，走向富裕；告别愚昧，走向文明）系列活动；深入开展以"八荣八耻"为内容的社会主义荣辱观教育活动，提升分清是非善恶的尺度认同；等等。通过这些教育实践活动，让市民的思想觉悟、道德风尚有了很大提高，见义勇为、助人为乐的好人好事大量涌现，遵纪守法、诚信友善的文明习惯逐步养成，良好的社会风气也得到弘扬和发展。

在加强社会主义思想道德建设过程中，广州还着力培育以社会主义核心价值体系为灵魂、以岭南优秀历史文化传统为底蕴、以现代文明素质为特征的新时期广州人文精神，使社会主义核心价值体系教育贯穿国民教育的全过程。不断强化以"爱国、守法、诚信、知礼"为内容的现代公民教育，不断强化社会公德、职业道德、家庭美德、个人品德以及未成年人思想道德建设，不断强化公民的国家意识、社会责任意识、民主法治意识等价值理念，不断强化基层思想政治工作与思想道德建设的相互贯通，不断强化对企业职工和外来务工人员的人文关怀，等等。如今的广州既是经济实力雄厚、人民生活富裕的现代都市，也是平安和谐有序、社会健康向上的文明都市。

二、坚持以人民为中心的文化发展

一切进步的文化，都是人民群众在创造历史的过程中形成的，也是对人民群众创造历史的伟大实践最生动的体现。社会主义文化最本质的特征就在于它的人民性——既要体现人民群众作为历史进步主体的创造性也要满足人民群众精神文化生活的需要。在改革开放过程中，广州的文化建设始终坚持把人民利益放在首位，坚持把"人民拥护不拥护""人民赞成不赞成""人民高兴不高兴""人民答应不答应"作为检验工作成败的衡量标准，不断改善市民参与公共文化生活的条件，并不断增强市民在精神文化生活中的获得感和幸福感。

（一）强化市民文化权利的制度保障

坚持以人民为中心的文化建设和发展方向和道路，最根本的是要把人民的文化权利维护好、实现好、发展好。那么，人民的文化权利尤其是基本的文化权利怎么维护呢？这其中的关键无疑就是立法保障。在改革开放过程中，广州就如何通过政策法规加强对公共文化服务体系建设的保障进行了积极探索。2009 年，中共广州市委市政府颁布《广州市加快公共文化服务体系建设实施意见》，提出要着力完善城乡基层公共文化基础设施，着力提高公共文化产品和服务供给能力，着力解决人民群众最关心、最直接、最现实的基本文化权益问题，充分体现公共文化服务的公益性、共享性、协调性和多元性，打造全国性的公共文化建设示范区。2014 年 10 月 29 日广州市第十四届人民代表大会常务委员会第三十四次会议通过、2015 年 1月 13 日广东省第十二届人民代表大会常务委员会第十三次会议批准《广州市公共图书馆条例》。该条例的实施，有效解决了公共图书馆在服务的公益性及服务设施的网络建设、均衡发展、资源共享等方面规范化建设和发展问题。2016 年，出台的《广州市加快构建现代公共文化服务体系的实施意见》，进一步提出要牢固树立以人民为中心的工作导向，以改革创新为动力，以农村基层为重点，促进基本公共文化服务的标准化、均等化，保障市民基本文化权益。

（二）制定并落实文化惠民服务举措

"文化惠民"顾名思义就是让人民得到文化服务的好处和实惠，它是把人民群众的基本文化权利维护好、实现好、发展好的重要抓手。改革开放过程中，广州把文化服务作为惠民、乐民、安民的重要抓手，让普惠性的文化服务成为群众满意的"民心工程"。其一，大力推进基层公共文化设施建设工程，夯实文化惠民的基础条件。把市、区（县级市）文化中心、街镇文化站、社区、农村文化室建设纳入城市建设规划，认真落实"从城市住房开发投资中提取 1%，用于社区公共文化设施建设"的要求，按照房地产开发小区、老城区、政府保障型住房小区分类推进，配套建设的公共文化设施统一移交辖区政府进行调配。其二，加强文化惠民的制度建设，积极探索建立以文惠民的长效机制。市一级制定《广州市公益性文化体育设施向未成年人开放的实施意见》《广州市社区文化辅导员工作管理办法》；各区（县级市）也加强制度建设，如海珠区实行"文化联席工作会议"制度并制定了《文化站管理人员工作细则》、天河区出台《关于进一步加强天河区文化站建设的建议》

和《关于解决各街道文化站建设的资金和人员等问题的意见》。其三，广泛开展各种形式的文化惠民活动，推动文化惠民的常态化发展。市属各专业艺术院团每年都制定"送戏下乡"计划，每年要为基层送戏演出 100 场以上；市群众艺术馆、各文化馆每年分别为群众举办各类活动 50 场（个）以上，每年举办各类讲座、辅导、培训、展览等活动不少于 20 场，各街镇文化站每年组织各类文化艺术活动 12 场以上；各村（社区）"农家（社区）书屋"每年开展以阅读为主题的群众读书活动 4 次以上；群众文化工作人员每年要有 36 天以上深入街镇、社区和农村开展培训、辅导、调研。

（三）广泛开展群众性社会文化活动

文化建设和发展要坚持以人民为中心，最根本的是要突出人民群众作为文化创造者的主体地位，把人民群众参与文化活动的积极性、主动性和创造性充分调动起来，让文化活动真正成为群众生活重要内容的同时，也让文化在群众生活中得到富有创造性的发展。在改革开放过程中，广州以共享文化活动品牌、社区文化辅导员、群众业余文艺团队、公共文化服务网络以及历史文化资源等为主要依托，各级文化部门积极开展多层次、多种类、全方位的群众性文化活动，形成了非常浓厚的群众文化氛围。在全市范围内，坚持举办"都市热浪"广场文化活动、"公益文化春风行"送戏下乡活动、文化馆（站）文艺汇演、"中国音乐金钟奖"群众性系列文化活动等具有示范性、指导性的群众文化活动。在区（含原来的县级市）范围内，实施"一区一品牌、一街一特色"的群众文化活动品牌创建工程，让喜闻乐见的群众性文化活动呈现出"天天有安排、周周有活动、月月有高潮、处处有亮点"的生动局面。在街镇、社区范围内，根据实际情况举办形式多样、内容丰富的群众文化活动。如海珠区滨江街每年举办"咸水歌歌会"、番禺区沙湾镇的飘色民间艺术等，远近闻名，很受街坊群众欢迎。

三、以传承中华文化作为发展根基

文化作为一个国家、一个民族的灵魂，它在精神境界中升华出来的品格，从来都内涵着历史根脉的传承。尽管不同的历史阶段和不同的时代变化对文化建设提出的要求和任务是不同的，但是任何时候从历史传承下来的文化精神都不能隔断，否则文化建设就会因为失去根基和土壤，而不可能根深叶茂、繁荣兴盛。改革开放以来，广州一直都在彰显着它作为岭南文化中心地的文化品格和文化精神，始终秉承着岭南文化所倡导的价值理性，内涵着求真务实、开放包容、择善而从的文化心境。这是广州立足自己的城市文脉体现出的对中华优秀传统文化的坚守、传承与弘扬。

（一）凸显岭南文化中心地的文化活力

习近平总书记指出："为什么中华民族能够在几千年的历史长河中生生不息、薪火相传、顽强发展呢？很重要的一个原因就是中华民族有一脉相承的精神追求、精神特质、精神脉络。"[1]岭南是中华民族的重要发祥地之一，岭南文化是中华文化的重要组成部分，与中原文化、齐鲁文化、巴蜀文化、荆楚文化、湖湘文化、吴越文化等地域文化一起，构成中华文化的多元性和丰富性。无论是古代、近现代，还是当代，岭南文化都以其鲜明的地域特色、浓郁的地方风情展示着自己的风采和魅力。在历史的演进过程中，广州这座历史古城虽然经历了沧海桑田的岁月流觞，但是它的城市中心从建城开始到现在都在同一个地方，这在世界城市的发展史上极为罕见。正因为如此，广州这座城市才积淀了两千多年来不断延续的厚重文化；也正因为如此，广州作为岭南文化中心地才饱含着由内而外不断延续的文化传承，才饱含着具有浓郁岭南气质和行为特点的文化精神。如果说改革开放过程中广州能先行一步、走在前列，是因为近代以来岭南文化精神让这座城市率先接受先进工业文明的洗礼，有了"睁开眼睛看世界"的文化觉醒和"师夷之长技以制夷"

---

[1] 习近平：《在文艺工作座谈会上的讲话》，《人民日报》，2015 年 10 月 15 日。

的文化自觉；那么，改革开放过程中广州对岭南文化精神的坚守和传承，又让这座城市的发展充满了由小变大、由弱变强的蓬勃生机。改革开放以来，广州文化建设的重要支点是围绕弘扬岭南文化精神来展开的，不断提炼、宣传新时代与传统岭南文化相融合的"广州人精神"。如果说广州人自古以来都有敢闯、敢拼的"生猛"活力，那么这种活力就来源于广州人所秉承的文化坚守，始终植根于岭南文化的深厚底蕴之中，从而有利于形成充满自信、敢作敢为的价值追求和意志品格。换言之，在岭南文化的浸润和熏陶之下，广州这座城市总是充满求真务实的文化活力，充满着敢于走在前列的文化自信。

（二）加强历史文化遗产的保护和利用

历史文化遗产是一个城市的文化记忆，保护历史文化遗产是传承城市文脉的重要前提和基础工程。"城市记忆是在历史的长河中一点一滴地积累起来的，从文化景观到历史街区，从文物古迹到地方民居，从传统技能到社会习俗，众多的物质的与非物质的文化遗产，都是形成一座城市记忆的有利物证，也是形成一座城市文化价值的重要体现。"[1] 在改革开放过程中，广州在历史文化遗产保护和利用方面虽然经历了一个由不自觉到自觉的发展过程。先后成立了广州历史文化名城研究会、广州古都学会和名城办公室，对古城区和城市传统中轴线进行研究和规划保护。后来又加强文物保护机构建设，成立了广州市文物局和广州市文物考古研究院。1994 年 9 月 15 日广东省八届人大常委会第十次会议通过了《广州市文物保护管理条例》，1998 年 11 月 27 日广东省九届人大常委会第六次会议通过了《广州历史文化名城保护条例》，1998 年 7 月 28 日广州市政府公布了《广州市人民政府关于保护南越国宫署遗址的通告》，2002 年 6 月 28 日，广州市政府公布了《广州市"十一五"期间历史文化名城保护规划》，2007 年出台《广州市南越国遗址保护规定》。

---

[1] 单霁翔：《城市文化建设与文化遗产保护》，《中国文物科学研究》，2007 年第 2 期。

广州作为"海上丝绸之路"史迹列入中国世界文化遗产预备名单，出台《广州市海上丝绸之路史迹保护规定》；开展广州市非物质文化遗产普查工作，出台《广州市保护非物质文化遗产弘扬岭南文化工作方案》，建立了比较健全的非遗项目和非遗传承人保护体系。2009 年体现岭南文化优秀传统的粤剧已成功申报世界"非物质文化遗产"。

（三）重视开展岭南文化的学术研究

文化是民族生存和发展的重要力量，中华文化为中华民族克服困难、生生不息提供了强大精神支撑。岭南文化作为中华文化的重要组成部分，在近代以来中国历史的风云变幻中展示出前所未有的强大活力，它对当代中国的发展进步所起的作用也至深致远。什么是岭南文化？什么是岭南文化精神？这对于广州作为岭南文化中心地而言是不可回避的学术话题。为了凸显城市文化的根脉，彰显作为岭南文化中心地的文化优势，广州组织专家学者开展对岭南文化的典籍整理和学术研究，对岭南文化的历史发展和当代价值进行了全面而深入的学术梳理和理性分析。1993 年，李权时、李明华、韩强主编的《岭南文化》由广东人民出版社出版（2010 年修订再版）。该书就岭南文化的形成、结构、特色、形态、本质、流变、发展、未来等做了全面系统的分析和研究。2006 年，由岭南文化百科全书编纂委员会编的《岭南文化百科全书》在中国大百科全书出版社出版，该书内容涵盖了人文地理、海洋、民族、宗教、语言文字、思想学术、文学艺术、工艺美术、建筑园林、科学技术、教育、医学、新闻出版、体育、民俗、文化经典、文化史事、文化史迹、图书博物等方面，成为研究岭南文化的权威工具书。2015 年 4 月底，历经 10 年编撰而成的《广州大典》由广州出版社出版，它收录 4064 种文献典籍，是迄今为止最为全面的广州历史文化史料著作的集成，完整而系统地反映了广州这一岭南文化中心地和海上丝绸之路重要发祥地的变迁和发展。

四、以深化文化体制改革作为动力

不断深化文化体制改革、推动文化建设机制创新，是推动社会主义文化大发展大繁荣的重要动力。在改革开放过程中，广州始终坚持深化文化体制改革，不断解放和发展文化生产力，着力构建有利于文化繁荣发展的体制机制，推动文化事业和文化产业共同发展，大幅度提高了人民基本文化权益保障水平，大幅度提高了文化在经济社会发展中的地位和作用。

（一）深化对国有文化单位的管理体制改革

根据中国共产党第十七届六中全会上审议通过的《中共中央关于深化文化体制改革　推动社会主义文化大发展大繁荣若干重大问题的决定》的战略部署，广州立足本市实际情况，以建立现代企业制度为重点，不断深化国有文化单位改革。围绕做强做大国有文化企业集团、深化媒体改革、健全国有文化资产管理体制、推进区县文化事业单位改革四个重点难点，组建了广州文化投资集团公司；以粤传媒为载体整合各类优质文化资源，打造了跨行业、跨媒体的文化投融资平台；成立市文投集团，成为全市重大文化产业项目的运作平台、全市文化资源整合平台、全市文化产业的投融资平台、市文化产业交易和服务平台；整合广东省木偶剧团等9家文化艺术企业；支持广州日报报业集团打造"百亿"文化产业集团。此外，广州出版社等26家经营性文化事业单位和广州杂技团等8家文艺院团，也全部核销事业编制、注销事业法人，剥离各原属事业单位优质资产、组建公司，转制为企业，初步建立了现代企业制度。

（二）着力构建现代文化市场体系

构建现代文化市场体系是推动文化产业发展的必然要求，也是在市场经济条件下解放和发展文化生产力的必然要求。广州探索构建现代文化市场体系的改革，首先是大力发展文化产品和服务市场。主要从发展图书报刊、电子音像制品、影音娱乐设备、动漫游戏等文化产品市场开始，在此基础上进一步发展连锁经营、物流配送、电子商务等现代流通组织和流通形式，构建覆盖全国、贯通城乡的文化产品流通网络。其次是大力培育产权、版权、技术、信息等要素市场，通过"中国（广州）国际演艺交易会""广州国际文物博物馆版权交易博览会""中国国际漫画节"等商业平台，推动文化产权、版权、技术交易；同时，加强相关领域的行业组织建设，着力健全和完善推动文化产业发展的中介机构。再次是加强文化市场的监督和管理，规范文化资产和艺术品交易。先后出台《广州市社会文化市场管理暂行条例》和《广州市社会文化市场管理暂行办法》，成立广州市文化市场综合行政执法总队，履行对广州地区文化市场行使行政处罚、行政强制及监督检查职能，深入开展"扫黄打非"，完善文化市场管理，保护知识产权，促进现代文化市场体系健康秩序发展。

（三）创新有利于文化发展的体制机制

改革开放以来，广州不断深化文化行政管理体制改革，加快政府职能转变，强化政策调节、市场监管、社会管理和公共服务职能，推动政企分开、政事分开，理顺政府和文化企事业单位之间的关系。着力破解国有经营性文化单位改革发展的体制机制问题，重点推进市属文艺院团改革、广播电视台综合配套改革、区一级广电网络以及新华书店的整合工作，积极推动市属主要媒体企业探索"实行特殊管理股制度"。开展法人治理结构试点，逐步建立既适应现代企业制度要求又体现文化企业特点的生产运营机制和经营管理模式。大力推进文化行政体制改革先行先试，优化文化审批事项，激发文化发展活力。加快文化立法，制定和完善公共文化服务保障、文化市场管理、文化产业振兴等方面法律法规，不断提高文化建设的法制化水平。

（四）大力培育文化发展的多元化格局

一花独放不是春，万紫千红春满园。改革开放以来，广州的文化体制改革特别强调："采取积极态度，因势利导，大力弘扬社会主义文化主旋律，同时，又积极发展多元性的文化，并将它们有机地统一起来，相互促进，推动社会主义文化的健康发展。"[1] 在不断推动优秀传统文化创造性转化和创新性发展，让各类优秀文艺精品不断涌现的同时，也利用各种文化载体大力推进景观文化、机关文化、企业文化、校园文化、家庭文化、社区文化、商业文化、饮食文化、网络文化等具体文化类型的建设和发展，让文化繁荣绽放出争奇斗艳的风采。其中，"广府庙会""逛花市""波罗诞""乞巧节""赛龙舟""舞火龙""客家山歌""广场舞""重阳登高""私伙局"等各种文化活动在广州蓬勃兴起，身边的群众性文化活动随处可见。如今，广州人既可以走进"广州大剧院""星海音乐厅"欣赏国内外艺术家带来的艺术盛宴，也可以走进"社区文化中心"和各种各样的文化场馆感受自娱自乐的文化氛围。可以说，在广州选择文化消费和文化体验，已逐步成为人们享受品质生活的重要方式。

---

[1] 杨苗青、刘小钢：《文化都市——大城市以文化论输赢》，广州出版社，2002年，序言第2页。

第二章　全面加强城市文化形象建设

文化是城市的灵魂，不同的文化特色必然从内涵和品位上决定一个城市所具有的形象、气质、风格和魅力，影响着城市的现在与未来发展。在现实性上，推动城市文化建设、提升城市文化形象的系统工程总是具体的、现实的，需要结合自身的城市特点和已有的文化禀赋、优势来展开。从战略选择上看，走向现代化和国际化既是广州建设国家中心城市最重要的发展方向，也是广州在新的发展阶段上继续走在改革开放前列、当好排头兵需要展现的发展水平。为此，应从走向现代化和国际化的双重维度来审视并制定广州的文化发展策略，着眼于推进以岭南文化为底色与特质的城市文化新发展，努力提升与建设世界文化名城要求相适应的城市文化形象。

一、文化形象建设影响城市发展

文化在本质上是社会生活实践的产物，但是它又并非独立于社会生活之外。作为社会生活的意义表达和理性认知，文化对社会生活实践具有非常重要的指导和引领功能。在城市发展过程中，城市文化建设的重要任务是加强对城市文化形象的培育和塑造，把城市的文化特色充分展示出来，并在国际城市竞争中形成具有自己独特影响力的文化优势。

（一）文化对城市发展的重要性

在本质意义上，任何社会形态的文化都既包含着其对现实社会的肯定和支持，也包含着其对现实社会的评价与批判。文化不仅包含人们对一个社会"是什么"的理性认知和公共认同，而且也蕴含人们对自己的社会生活"应如何"的价值判断和心理向往。一方面，文化是维系常态社会生活的精神支柱和心灵纽带。它既为人们提供理想、信念、道德、情操等精神安慰，也为人们提供法律、礼仪、习俗等行为指引，构建以文化理解为前提的"可以做什么"和"不可以做什么""应该怎样做"和"不应该怎样做"的社会生活秩序。另一方面，文化是推进社会生活创新发展的精神动力和方向导引。它基于自身的创新发展机制，会以一种新的价值理念以及由此而建立的新的价值世界为蓝图，不断给人们以新生活的向往和期盼，并由此推动着社会的发展和进步。对于文化功能的认知，我们恐怕更应当立足现实生活的人文关怀来理解，而不应该把它仅仅当作思想上层建筑的抽象范畴来解读。

在约瑟夫·奈提出"软实力"概念之后，世界各国对提升自身文化软实力的重视达到前所未有的程度。对此，许多文化学者都纷纷预言，一个崭新的文化时代正在来临。按照约瑟夫·奈的理论，文化的力量不仅深深熔铸在每个民族的生命力、创造力和凝聚力中，而且越来越成为综合国力和国际竞争力的重要组成部分。换言之，当今时代文化因素已经不再是传统意义上那种被理解为具有相对独立性、似乎可以游离于社会生活之外的意识形态，其与经济、政治相互交融、相互渗透、相互促进的态势不仅越来越明显，而且还具有引领经济社会发展的功能和作用。加拿大学者保罗·谢弗对文化的功能说得更加精辟：文化就像一个灯塔，"它照亮了一条清晰可行的通往未来的道路"[1]。

可以说，在竞争异常激烈、局势错综复杂、前景并不明朗的全球化背景下，谁拥有文化的话语权，显示出文化的软实力，谁就能在通往未来的道路上赢得主动，获得优势。因此，能否从战略的高度审视文化建设问题，不仅关系到文化软实力提升可能达到的程度与水平，而且也关系到一个国家、一个地区乃至一个城市未来发展可能产生的作用与影响。

---

[1] 保罗·谢弗：《文化引导未来》，社会科学文献出版社，2008年，前言第1页。

（二）需要重视的城市文化功能

城市是人类文明进步的产物，也是人类文明进步的标志。近代以来，随着工业革命的发展带来城市的快速扩张，让我们看到了城市发展对经济繁荣所产生的巨变。在这样的背景下，城市的功能越来越被人们定格为经济功能。尤其在 GDP 的角逐中，城市的经济功能更是被急切地放大了，似乎城市就是一个被经营着的"经济摇篮"，经济实力才是它的命脉。随着后工业时代的来临，特别是知识经济不断被认可，人们对城市及城市功能的理解出现了文化的复归。也就是说，城市的文化功能越来越受到重视。

其实，在学者的学术视野中，城市的文化功能和文化意义一直都受到广泛关注的。美国著名的城市学家刘易斯·芒福德将城市称为"文化的容器"，他在《城市文化》和《城市发展史》两部力作中对城市的文化功能进行了深刻探讨。另外，美国城市学家斯皮罗·科斯托夫的《城市的组合——历史进程中的城市形态的元素》《城市的形成——历史进程中的城市模式和城市意义》，意大利学者 L·贝纳沃罗的《世界城市史》，丹麦学者扬·盖尔的《人性化的城市》等一大批学术专著都涉及城市文化功能的研究，其内容涵盖城市文化的构成、效能评价、功能分析、建筑设计、城市精神、个性特征、文化遗产的保护与现代性价值转换，等等。国内对城市文化功能的研究也有不少值得关注和重视的学术成果，如陈立旭的《都市文化与都市精神——中外城市文化比较》、单霁翔的《从"功能城市"走向"文化城市"》、张鸿雁的《城市形象与城市文化资本论——中外城市形象比较的社会学研究》等。总之，在文化学看来，城市不仅仅是高楼林立、人口密集、商贸繁荣、交通拥堵的经济空间，它还是有历史传承、文化交流、价值追求、理想实现的人文空间。正如法国城市地理学家潘什梅尔（Philippe Pinchemel）所说："城市既是一个景观、一片经济空间、一种人口密度，也是一个生活中心和劳动中心；更具体点说，也可能是一种气氛、一种特征或者一个灵魂。"

毋庸讳言，在城市发展过程中，其经济功能总是外显的、容易被认知，而其文化功能却总是内蕴的，容易被忽略。但是，对于一个城市的良性发展而言，文化功能又是不可或缺的。因为经济是文化的外显，文化是经济的内涵，两者是不可分割的。尤其在现代城市的发展过程中，城市的文化形象是一个城市的无形资产，对于城市的发展具有举足轻重的重要意义。一般而言，良好的城市文化形象，等同于城市的"金字招牌"，可以向外展示城市的独特魅力，有利于吸引投资者、旅游者、高端人才等目标人群向往和积聚，有利于城市的对外交流和国际化，使城市经济、文化、社会等各项事业持续发展并带来巨大的经济收益，从而增强城市的影响力和竞争力。尤其在人们越来越注重个性化、差异化发展的当下，一个城市所具有的文化特色和所展示的文化品位是其最受关注的内容。

（三）现代城市发展的文化诉求

如果说现代城市建筑由于使用各种标准化材料或构件会有这样或那样的雷同，但是一个城市的文化根基是历史的产物，不可能简单被复制。有些城市甚至经历了千百年的风雨洗礼，历史沉淀的那份厚重决定了它的特有品格。从这一意义上说，文化是一个城市独特魅力形成的基础，也是一个城市形象能否被广泛认知的重要内容。在城市的国际化竞争越来越激烈的背景下，提升城市核心竞争力已成为各个城市谋求发展的战略选择，关注文化建设和发展、关注文化形象和文化品位的提升更应当成为城市政府的理性自觉。

目前，广州正围绕"培育世界文化名城""建设国际商贸中心""培育提升教育科技文化中心功能"的目标而制定和实施新的城市发展战略。在目标定位上，"世界文化名城"和"国际商贸中心"都是城市形象的范畴，离不开文化因素的集聚和文化张力的国际影响。朝着这样的目标去努力，这无疑需要广州城市文化功能的显著提升。从走新型城市化发展道路而言，新型城市化是对传统城市化过程和发展模式的超越，其主导理念是低碳经济、智慧城市和幸福生活。不论是对低碳经济、智慧城市的理解和适应，还是对幸福生活有新的向往和期盼，都意味着人们要在思想意识、价值理念、思维习惯、工作方式、生活方式和社会心理等方面进行自我反思、转变和调适，否则难以适应走新型城市化发展道路所带来的各种新变化。

按照英格尔斯的观点："如果一个国家的人民缺乏一种能赋予这些制度以真实生命力的广泛的现代心理基础，如果执行和运用这些现代制度的人，自身还没有从心理、思想、态度和行为方式上经历一个向现代化的转变，失败和畸形发展的悲剧就是不可避免的。再完美的现代制度和管理方式，再先进的技术工艺，也会在一群传统人的手中变成废纸一堆。"[1] 虽然广州迈向现代化的城市发展与拉美国家期待通过高新技术的引进来实现现代化的战略选择不可简单相提并论，但是它同样涉及人们对先进技术应用以及新的工作方式和生活方式引入等方面的可接受程度问题。因为如果不重视文化建设，不实施文化引领工程，不去考虑如何建构一种足以推动城市取向现代化和国际化发展的文化基础，那么广州要在建设国家中心城市的新发展中实现"老城市新活力"的出新出彩也是十分困难的。因此，广州需要从城市发展的总体战略中，围绕城市文化形象与文化品位的提升来审视城市文化建设和发展问题。

二、文化形象建设的基础与问题

任何一个国家、一个地区乃至一个城市的文化形象和文化地位并非通过自说自话的言表或自以为是的自诩就能够确立的，它需要以普遍的社会认同作为前提和基础。如果某种文化的存在是不被理解和认同的，那么它的存在就一定会受到各种误解、非议，甚至是排斥和否定。在这一意义上说，文化存在和发展的过程既是文化主体自我认同和坚守的过程，也是逐步获得全社会（乃至全球或全人类）普遍理解和认同的过程。也正是在这一过程中，文化个性和文化形象不断得到传播，文化影响力不断得到彰显。就广州而言，如果说广州作为两千多年的历史文化名城，其文化底蕴是深厚的，那么今天居然还有人认为广州是"文化沙漠"，这表明广州的文化活力确实没有充分

---

[1] 英格尔斯：《人的现代化》，四川人民出版社，1985年，第97页。

发挥出来，以至于人们对广州文化形象的认知度和认同度都不高。

（一）有历史文化名城的鲜明特色

广州是一座有着 2200 多年悠久历史的城市，也在国务院公布的第一批历史文化名城的名录中。自从秦末赵佗在岭南建南越国并设都番禺（今广州），广州就开始了它作为一座历史文化名城的发展历程。

广州的城市发展具有其鲜明的文化特色，它在两千多年的历史演进过程中，"历经两汉、魏晋南北朝、隋、唐、宋、元、明、清、民国，广州成为南海郡治、都督府治、岭南道、广南东路、广州府治及广东省省会和三朝古都。朝代的更换，统治者的兴衰荣落，以及天灾人祸，从未动摇过广州在岭南的中心地位。古人选择了广州做岭南的大都会，并一直依恋了她二千多年，这是一个奇迹。中国不少城市因战争或天灾等，城址变了又变，而广州城址从未搬迁，一直是岭南政治、经济、文化中心"[1]。

在时代变迁中不断接受岁月洗礼所获得的历史沉淀、文化传承和创新发展，不仅赋予广州这座城市具有能够让人可以不断悉心慢品的深厚底蕴，而且更赋予广州这座城市具有能够让人不断为追求梦想而奋斗的精神动力。

（二）有历史文化名城的深厚底蕴

从历史的视角看，广州城市文化最深厚的底蕴是它作为岭南文化中心地的文化特色。岭南文化最初是指生活在这里的古百越族先民所创造的、体现岭南地区民风民俗的特色文化。岭南文化从地域上大致可分为广东文化、桂系文化和海南文化三大块，其中又以属于广东文化的广府文化、潮汕文化和客家文化为主体。明清之际，岭南三系文化相互融会贯通，逐步形成自己独立的风格、精神，成为与湘楚文化、吴越文化相区别的岭南文化。

---

[1] 黄淼章：《实施名城文化精品战略 提升广州文化影响力》，《岭南文史》，2003年第 3 期。

在两千多年的城市发展过程中，广州作为岭南的政治、经济、文化中心，一直保存着岭南文化最深厚的传统、底蕴、个性与特质。不论是"南越王宫署遗址""南越王墓"，还是"五仙观""三元宫""西来初地""华林寺""光孝寺""怀圣寺""先贤古墓""南海神庙"，抑或是"黄埔古港""沙面""十三行""万木草堂""大元帅府""中山纪念堂""黄埔军校"，所有这些无一不彰显出广州作为岭南文化中心地的那份曾经拥有的辉煌与厚重，表达着这座城市以岭南文化为核心兼容并蓄而产生的由多元文化相互激荡、相互影响、相互融合所产生的强大聚合效应。

广州以岭南文化为基础，将中原文化与海洋文化融为一体，将农耕文化与商业文化相互贯通，延续着一种继往开来的文化活力：除了众多作为历史记忆的文化古迹之外，广州粤菜、粤曲粤剧、三雕一彩一绣、岭南画派、岭南园等艺术门类众多，影响广泛，波罗诞、乞巧节、赛龙舟、广州花市、广州庙会等反映广州人生活习俗的各种传统文化活动更是异彩纷呈。从古代"海上丝绸之路"率先在这里起航到"欧风美雨"率先在这里汇聚、中国近代民主革命的号角率先在这里吹响，再到当代中国改革开放的探索率先在这里迈步，不难看出广州作为岭南文化的中心地具有很强的文化魅力和张力，其中文化内涵也是非常值得品味的。

（三）影响广州文化形象的突出问题

塑造鲜明的城市文化形象，不仅对提高一个城市的知名度、创立城市品牌、提升城市品位、繁荣城市经济有着十分重要的作用，而且对增强城市实力、优化城市功能有着重要的促进作用。因为塑造城市文化形象是提升城市品牌资产的有力抓手，更是使城市文化形象这一无形资产产生效益的关键。从文化建设和发展的角度而言，影响和制约广州文化形象认知和认同的突出问题主要有以下三个方面：

首先是文化形象在传统与现代之间如何明确定位的问题。应该说，长期以来广州作为岭南文化的中心地是被广泛认知和有口皆碑的。但是，在改革开放的实践中广州的经济社会快速发展，城市面貌焕然一新，不仅城市的物质生活水平显著提高，而且社会生活方式也发生了巨大变化。许多传统的生活习惯和生活理念在急剧变革的生活场景中逐步式微，甚至在传统与现代的文化冲突和较量中渐行渐远，变成了历史的记忆；而与此同时，现代生活的新理念、新模式、新元素、新时尚、新潮流不断进入人们的选择视野，影响人们对传统的坚守，改变着人们的生活习惯和价值观念，甚至成为推动社会发展的强大主导力量。在城市建设上，改革开放四十年来广州的城市建设不断拓展，让城市面貌发生了巨变，不仅新城区在大兴土木，到处都是建设工地，而且老城区也不断上项目，结果在城市现代化的面貌日新月异的同时也使许多城市景观在旧城改造中失去了应有的特色和风貌，其中作为最具岭南文化特色的"骑楼"景观已所存无几，在一座座现代建筑中人们很难寻觅哪些元素能代表岭南文化的风格；在城乡关系上，由于城市化的快速扩张带来了城中村的大量出现，一方面那些见缝插针、凌乱不堪的村落像"牛皮癣"一样寄生于现代都市的夹缝当中，给人以极不协调的视觉冲击，城乡二元结构的矛盾十分突出；在新区发展上，一个城市的新区发展应当充分展现出其在整体上所具有的文化风貌、传承其文化风格，但是广州的城市发展并没有重视这种文化风格的整体传承与延伸，缺乏统一的文化发展规划和布局，导致各个区的文化建设几乎处于各自为政的状态，一些新城区（如南沙、增城、从化等）如何才能赢得"大广州"的文化认同，是值得思考的。总之，在广州的快速发展过程中，城市的文化形象被模糊了，于是人们便把广州看作是一个"说不清楚"的城市。如何把广州说清楚？这就是提升广州城市文化形象和文化品位面临的首要问题。

其次是文化建设与经济社会发展不相适应的问题。众所周知，文化建设和发展是推动经济社会发展的一项基础工程。因为文化建设和发展能够为经济社会发展提供精神动力、智力支持和思想保证。亨廷顿在谈到"文化的作用"时强调：发展中国家的落后不仅仅是经济和技术的落后，更重要的还是文化的落后——"在多数拉美国家，文化成为发展的一大障碍"[1]。奥兰多·帕特森在文化研究中也谈道："当我们力求理解为什么存在着技能差距、能力差距和工资差距，以及为什么数以百万计的非洲裔美国人陷入病态心理的社会深渊时，一定可以从文化中找到答案。"[2] 因此，不论是一个国家还是一个地区或一个城市，如果不重视文化建设，不实施文化引领工程，不去考虑如何建构一种足以推动改革与发展的文化基础，那么要真正实现经济社会的转型发展几乎是不可能的。就广州而言，在改革开放过程中文化建设也取得了长足进步，但从总体上说广州的文化建设与经济建设之间还存在较大差距。主要表现在：文化发展的模式不清、文化建设投入不足、城乡公共文化服务不均衡、文化发展的创新动力不足、文化生产力没有充分解放、文化产业的规模和水平有待提升等。其中最突出的问题是：广州文化发展对经济社会发展的支撑力还不强，激发城市活力、推动城市发展的文化氛围还亟待加强，导致广州作为华南地区中心城市的功能有所流失，影响力和辐射带动作用有所下降。因而，能不能成为"新岭南文化中心"以及如何建成"新岭南文化中心"，都是广州当下推进城市文化建设和发展不可回避的突出问题。

再次是缺少城市文化品牌的宣传与文化形象传播不足的问题。一个的城市文化形象如何是要通过广泛的社会认同来确立并形成总体判断的。而文化认知上的广泛社会认同又要借助"他者"的文化审视和感受来整合与确认。如果没有广泛的信息传播就不能形成具有同感的文化认知，而如果各种有偏误的文化认知得不到及时修正或合理解蔽，也就不可能产生具有广泛认可度的文化认同。所以，一个城市的文化传播直接影响着其城市文化形象的社会认知。正如美国著名的城市学家刘易斯·芒福德所说：城市形象是人们对城市的主观印象，是通过大众传媒、个人经历、人际传播、记忆以及环境等因素的共同作用而形成的。事实上，在日常生活实践中，人们总是通过不断重

---

[1] 爱德华·泰勒：《原始文化》，连树声译，广西师范大学出版社，2005 年，第 1 页。

[2] Orlando Patterson. *The Ordeal of Integration: Progress and Resentment in America's "Racial" Crisis* (Washington, D. C.: Perseus Counterpoint 1997), p. 213.

复的传播行为对有关某个城市的一整套象征符号进行具象认知和意义生产，逐步形成或巩固对它的整体认知，才对它的城市形象形成认同和维系。当然，城市文化形象的确立并非片面追求某种形式化效应的自吹自擂，更不是想当然的主观臆造，它是对城市文化内涵、本质和特色进行深入挖掘、高度提炼的结果，表现为取向可识别化认知的提升过程。一般而言，城市文化形象的确立需要从物质和精神两个层面对城市内在特点和外在特征进行最合理的认知整合，这其中做好城市文化特色的宣传、强化信息传播是关键。20世纪90年代以来，国内外城市纷纷注重自己城市文化形象的塑造和传播。例如，纽约聘请专家设计出以"大苹果"图案为基础的旅游标志，把该标识印在信笺、文艺作品、T恤衫、珠宝首饰、领带、围巾、明信片、眼镜、餐具等日常物品上进行各种媒体传播；还提出了"我爱纽约"（I Love New York）的城市营销口号，这一口号原是美国纽约州的旅游广告词和标志，后来被应用为纽约市的城标。这一城标出现在各种宣传手册和各大宣传活动中，许多餐馆、旅店、装饰品点也纷纷购买城标的使用权，使纽约的城市形象得到广泛传播。广州虽然有以"五羊雕塑"作为"羊城"标志的城标，人们对这一标识的认知度和认同度也很高，但由于一直没有重视对这源于神话传说的广州城标做深度的文化挖掘和意义提炼，更没有赋予它作为现代广州发展的新内涵，因而对表达广州的新发展所起的作用却十分有限；而且，这一雕塑立在越秀山上不容易被普通游客所知晓，文化地标的功能并不明显，也制约了它对传播广州城市形象所起的作用。再加上广州在举办亚运会之前并没有重视对文化形象的设计和宣传，国际上很多人只知道"Canton"，而不知道"Guangzhou"。我们很难想象作为海上丝绸之路的发祥地、近代以来一直作为对外通商口岸、中华人民共和国成立之后连续举办广交会长达50多年的广州，如今在世界上居然还是一个知晓度很低的城市，这就说明广州在城市文化形象的传播上存在比较严重的问题。

三、城市文化形象的建设与提升

在城市发展以文化论输赢的背景下，提升文化形象与文化品位无疑是推动城市文化建设、提升文化软实力的重要抓手。广州要实施国际化发展战略——建设国际商贸中心、培育世界文化名城，迫切需要从提升城市文化形象与文化品位的国际化认知度和认同度的战略高度，努力强化推动文化发展、建设文化强市、增强文化活力、优化文化环境、培育文化氛围的主体自觉，从而为广州走向国际化的发展夯实文化基础、扩大文化张力、增强精神动力。如果说提升文化形象和文化品位是一个长期积累和不断沉淀的过程，那么当前亟待突出广州作为"岭南文化中心"的文化地位和作用，以彰显作为国家中心城市所应有的文化功能和文化影响力。

（一）整合城市文化的基本内涵

城市文化主要由物质文化和非物质文化两个方面构成。其中，物质文化由物质的或有形的器物构成，包括建筑、园林、广场、道路等，它是一个城市文化风貌最生动、最直观、最形象的呈现；精神文化是指知识、信仰、道德、习俗、制度、法律以及市民的理想信念、精神追求、社会心态等无形要素，它是城市文化的内涵和深层结构。一个城市的文化形象虽然离不开其物质文化所展现的外在景观，但相对于外在形象而言其内在的文化精神则更具有决定意义。我们评价一个城市的文化形象首要的是看这个城市是否具有文明高尚、积极向上、理性平和的精神气质。如果一个城市主导的文化价值观缺失、道德精神紊乱、社会风气不良，那么这个城市的物质景观再精美也无法展示一种好的文化形象。

这就是说，加强文化建设不能简单从狭义的文化范畴（即文化部门主管的文化事业）来理解和讨论文化建设和发展问题，而要从与经济建设、政治建设、社会建设以及生态文明建设相融合的广义文化视域来考量和布局全市的文化建设和发展问题。换而言之，文化主管部门对推动文化建设、提升城市文化形象具有不可推卸的责任，但是提升一个城市的文化形象并不是文化部门可以单独完成的而与其他部门无关。恰恰相反，提升城市文化形象是一项涉及全社会的系统工程，需要政府、企业、社会团体和个人的共同参与，其中最重要的是要有政府部门的统一规划和布局，避免各自为政、各行其是。所以，要把文化建设和发展的内容融于城市发展的整体规划中，要在城乡布局、功能定位、建筑风格、项目设计、制度规范等各个方面纳入文化建设和发展内容和要求，突出广州城市文化的内涵和品格。

整合广州城市文化的基本内涵，要做好文化建设和发展的综合规划，要特别强调以继承和弘扬优秀岭南文化传统为基础，把岭南文化的精髓与现代广州发展的新貌融为一体。不论是新区建设还是某个单体建筑的设计，都要把最具广州特色的文化内涵和文化风格进行合理而有效的整合，避免城市建设和发展在新旧城区之间容易出现的"文化断裂"，着力解决好坊间所诟病的、在文化定位上的所谓"说不清楚"的问题。要明确建设"文化广州"是一个系统性、整体性的概念和布局，不能因为城市规模的扩张和新城区的发展而被肢解；建设"岭南文化中心地"也是一个系统性、整体性概念，不能简单理解为老城区是旧的"岭南文化中心地"，新城区才是新的"岭南文化中心地"，这样容易产生把建设"岭南文化中心地"仅仅看作是新城区发展的任务而忽略老城区责任的误解。做好文化建设和发展的综合规划，就是要通过统一规划和布局，把文化渗透到经济发展、城市建设、社区管理、环境打造、生活方式、价值理念、道德追求等城市社会生活的各个领域，把"岭南文化中心地"的文化品格通过城市建筑等各种物化系统展示出来，把"岭南文化中心地"的文化精神通过各种活动系统表达出来，使城市文化的内涵得到不断传承、形象得到不断提升。只有这样，才能将广州最具岭南文化特质的城市风格和文化特色彰显出来。

整合城市文化内涵，还要在城市文化建设中考虑如何把作为根脉的传统文化融入现代城市发展的人文氛围中。既要体现岭南文化最鲜活的灵魂与精髓，还要体现岭南文化的建筑风格和延续独特的文化格调；在赋予"千年羊城"

新内涵的同时，为"文化广州"做出新的诠释，努力让"新岭南文化中心地"的城市魅力和风采能在城市创新发展中得到国内外的普遍认同。从历史的维度看，从秦汉开辟海上丝绸之路到隋唐设置"市舶司"，从清代一口通商到当今的广交会，广州赢得了"金山珠海、天子南库"的美誉，也铸就了"千年商都"的神韵。这是广州城市文化形象建设必须突出的内涵。荔湾区、越秀区、海珠区、黄埔区都应该围绕这一历史，把具有商贸文化价值的历史区域作为城市名片保护好、传承好。从现实的维度看，改革开放以来，广州成为中国最开放、市场化程度最高的地区之一，尤其是进入新世纪后"千年羊城"发生巨变，不仅重现了"六脉皆通海，青山半入城"的盛景，而且产业升级与城市升级相得益彰，经济转型与社会转型相互促进，成功发展为国家中心城市和综合门户城市。为此，广州赢得了"改革开放先行地"的美誉，也展现了岭南文化给这个城市带来的勃勃生机。这是广州城市文化形象建设必须抓住的重点。不论老城区和新城区都要把这样的文化活力展现出来，让人们看到广州这个城市在文化传承上的那份执着。从未来的维度看，广州正在实施新型城市化发展战略，全面提升城市文化功能，抢占发展制高点。随着"一带一路"建设和粤港澳大湾区发展战略的实施，广州将以新的姿态融入世界，凸显作为国际大都市的人文风采。这是广州城市文化建设和发展需要抓住的新机遇，也是进入新时代广州推动城市文化建设迈向新水平应当强化的责任与担当。

（二）推动城市文化的繁荣兴盛

城市既是人类文明的成果和标志，又是人们日常生活的家园。城市的文化形象和文化品位主要是指一个城市的文化内涵或文化影响力。一个城市的文化形象如何、品位的高低主要取决于它能给人们带来什么样的文化感受。一般而言，不同的文化含量给人们带来的文化感受是很不相同的，因而对不同文化含量的城市所给出的文化评价也会有很大差别。要改变人们对一个城市的文化认知，关键是要提升城市的文化功能，用文化大发展大繁荣的历史与现实来体现自己所具有的文化实力。

在历史的维度上，考量一个城市的文化品位主要是看其历史沉淀是否足够的厚重以及能否从历史积淀中提炼出独特的城市文化个性。文化遗产（包括物质文化遗产和非物质文化遗产）既是城市发展的历史见证，也是城市发展的文化基础。因为文化遗产的数量总是相对稀缺的，消失之后不可再造，必须加强文化遗产保护才能延续一个城市发展的历史记忆，保持文化传统的历史传承。因此，提升城市的文化形象和文化品位首先要从加强文化遗产保护做起，以展示城市文化内涵的历史沉淀。近年来，广州对文化遗产保护做了不少工作，但广州作为古代丝绸之路的发祥地、岭南文化的中心地、近现代革命的策源地和改革开放的前沿地的历史见证并未被充分挖掘和保护。尤其是那些能够全面、系统反映广州文化特色的社区、街区和村落还没有受到足够的重视，不仅那些已经消失的历史文化景观不可能再造，现有的文化遗存可能也会在"三旧改造"中逐步消失。如果再不保护，仅有的一些文化碎片恐怕很难让人相信广州是一座具有两千多年悠久历史的文化名城。

从现实的维度看，评判一个城市的文化品位更重要的还在于考量一个城市在当下所具有的文化生态、文化风格和文化张力，具体表现在其文化事业发展的水平、文化产业产生的效应和市民整体的文化素养等方面。这也是我们当前推动文化建设、强化文化功能、促进文化大发展大繁荣迫切需要抓好的三大工程。在推动文化事业发展方面，要健全和完善覆盖城乡、结构合理、功能健全、实用高效的公共文化服务体系，不断提升公共文化设施普及度、均等化、优质化水平以及公共文化服务能力的现代化、专业化、系统化水平。在文化产业发展方面，要优化文化产业结构，发展新兴文化业态，增强文化创新发展的市场活力；要营造现代文化产业发展的"蜂王效应"，大力培育和扶持一批有带动作用的文化龙头企业；着力发展有地方特色的文化产业，把文化事业与文化产业的互动发展作为实现文化跨越式发展的突破口；大力培育在国内外有影响力的文化品牌，增加"王老吉""珠江钢琴"等跨界品牌的文化内涵，扩大广州文化的国际影响。在市民文化素质的方面，要大力

实施文化引领工程，在提升城市主体自我文化认同的基础上，把广州人敢为
人先的自信信念、价值追求、生活态度、行为习惯和道德情操，通过文明健
康的生活方式和受人尊敬的"广州人风采"充分展现出来。

（三）扩大城市文化的传播效应

在城市形象建设上的学术研究上，有学者认为："城市形象是城市在公
众脑海里留下的印象以及公众对组织的评价。城市形象包括一系列联想、记忆、
期待和其他感受，其可能与城市的硬实力、软实力身份相匹配，也可能不匹配。
与企业形象一样，城市形象也是实值形象与虚值形象的统一。"[1] 城市形象
的实值部分集中表现为城市竞争力水平，但城市形象的虚值部分具有较大的
认知弹性和较强的可塑性。因此，"对于城市传播而言，其主要的任务不在
于改变城市的实值形象，其关注的重点应该是在一定的实值形象基础上如何
更好地构建城市的虚值形象"[2]。我们认为，城市形象建设是一个城市的物
质文化和精神文化相互融合、相得益彰的具象体现，其中还必须内含历史与
现代的统一。既需要从城市规划、城市设计、城市景观、城市建筑等方面对
城市物质文化的整体构成进行综合的形象策划，也需要从"城市让生活更美
好"的人文视角对城市风貌进行总体设计，以"反映一个城市特有的景观和
面貌、风采和神志，表现城市的气质和性格，体现出市民的精神文明、礼貌
和昂扬"[3]。

在具体的城市文化形象建设中，必须通过科学的、艺术的创新设计，使
城市中所有的构筑物的物质实体能从美学价值上形成社会象征意义，如城市
交通系统、城市商业业态系统、城市大众传媒系统、街区"家居系统"中各
种能够传达信息、表现视觉的要素如店招店牌、各类广告及其他人造景观和
自然景观，进行全面设计。在"点、线、面"等不同领域、不同层次和不同

---

[1] 苏永华：《城市形象传播理论与实践》，浙江大学出版社，2013 年，第 146 页。

[2] 苏永华：《城市形象传播理论与实践》，浙江大学出版社，2013 年，第 146 页。

[3] 池泽宽：《城市风貌设计》，郝慎钧译，天津大学出版社，1989 年，第 1 页。

范围内进行全面再"创作"，使每个"城市物质文化符号"都能成为城市形象的表现体，成为城市形象的"合理的构成部分"，使城市通过这些文化符号，从一般的生活体系中升华出来，最终使城市成为"生活与艺术品的大容器"，使城市从文化与艺术层展现形象魅力。世界上所有城市形象良好、城市文化活力强的城市，无不具有可以让人获得普遍认同的文化个性，如巴黎是"世界服装之都"和"世界浪漫之都"，维也纳是"世界音乐之乡"，东京是"东西文化的交汇城市"，伦敦是"充满选择机会的城市"，罗马是"古典文化集萃"的城市，香港是"世界最自由和最安全的城市"，等等。无疑，用简洁的话语把一个城市的文化个性提炼出来，并使之与城市文化形象的培育有效结合在一起，是扩大城市知名度、促进城市文化形象传播、增强城市影响力的重要途径。

当今时代已是文化引导未来的时代，广州的发展已不能再简单从经济的视角来考虑问题，需要高度重视从文化视角来审视如何推动城市的现代发展问题。对于做好城市文化形象的塑造与传播而言，不仅需要党委政府部门高度重视，更需要全社会的高度重视，而要做到这一点又必须在社会形成广泛的文化自觉。我们认为，这不仅需要从当今参与国际竞争的全球视野来审视广州的文化建设和文化发展，而且更要从城市文化软实力竞争的现实性和紧迫性中来考量和预期广州文化建设应当达到的新水平和新要求。一方面，要从现代化发展的文化要求上考量如何在已有的岭南文化传承和改革开放以来文化建设取得长足进步的基础上，进一步弘扬现代城市的文化精神，优化现代城市的文化环境，突出现代城市的文化特色，形成现代城市的文化风格。另一方面，要从国际化发展的文化要求上审视自身文化建设和发展在策略上的合理性，考量如何在建设"国际商贸中心"、培育"世界文化名城"的系统设计中提升自己的文化内涵和文化形象，以彰显广州作为岭南文化中心地的国际影响力，增强参与国际竞争的文化优势。

第三章 城市人文品格形成的源与流

在不同文化背景、文化体系和文化传统中，每个人都会养成自己所推崇的价值理念、行为习惯和生活态度。如果这样的推崇得到一个城市市民的普遍认同并转化为习惯性的行为方式，那么这种具有普遍性的价值理念、行为习惯和生活态度就会凝聚成一个城市的人文品格。在社会生活实践中，每个城市的人文品格都有其鲜明特征并有源远流长的历史传承。研究一个城市的人文品格，需要深刻把握其具有根脉意义的源与流。广州作为岭南文化的中心地，其城市人文品格的形成是岭南文化所具有的人文精神的最集中体现，因而需要从岭南文化的深刻底蕴中寻找其形成的内生性源流。在这里，我们主要从以下三个基本维度做一些探寻和思考。

一、推崇以我为本的存在价值

在岭南哲学中，实用主义是其最基本的价值理念。它在价值原则上特别强调要坚持"有用性"，即凡是有用的就是有价值的、值得推崇和追求的，而没有用的就是没有价值的、不值得追求的。在价值认知和价值实践中，人们习惯于以"我"作为价值评价主体，并按照是否满足"我"的需要以及多大程度能满足"我"的需要来判断价值的大小。为此，以岭南哲学为主导的岭南文化在社会生活实践中比较注重以利为中心的价值判断并把实现利益最大化作为行为选择的价值取向。以利益为主导，可谓是岭南人文精神的重要内涵。

（一）义利观问题上的儒家思想

我们知道，义与利的关系问题一直是价值哲学讨论的最重要的一个基本问题。对这一问题的不同回答，体现出不同哲学在价值观问题上的不同态度，甚至决定着不同哲学在价值论上的基本理论建构。就中国古代哲学而言，义与利的讨论可以追溯到先秦时期。孔子是义利之辨的肇始者，他开启了中国哲学讨论价值问题的先河。孔子历来主张见利思义，反对见利忘义。在孔子的义利观中，义大于利是最基本的价值原则。孔子认为重义轻利乃至去利取义才是合乎道德的行为，否则就是违背道德和道义。以此为依据，孔子明确强调君子之举和小人之为是有本质区别的，即"君子喻于义，小人喻于利"。

孟子从社会治理的层面，把孔子这一思想作了进一步的发挥和延伸，认为："王何必曰利，亦有仁义而已矣。"他把义作为统治者的实行仁政的最高道德原则和价值标准。孟子所说的"义"，主要是指仁爱与正义，它既包括"杀身成仁，舍身取义"这样的大仁大义，也包括亲善、亲和、孝悌等渗透于人们日常生活中的道德、人伦、礼仪。在孟子看来，每个人都不可能索群而居，国家和民族的存在具有优先性。因而，每个人在社会生活中都要以维护社会、国家和民族的大义为重，不能贪图自己个人的私利，否则就只能是被人鄙视的卑鄙"小人"，而不能成为受人尊敬的谦谦"君子"。

在义与利的关系问题上，儒家区分义与利的标准主要有两个，其一是区分"是谁之利"，其二是区分"为谁之利"[1]。在区分"是谁之利"的问题上，儒家坚持公大于私的判断标准。认为国家之利、社会之利、民族之利、集体之利都属于公利，谋求这样的公利就是符合道德的义；自我之利、一人之利、一家之利等都是属于私利，不顾公利而谋取私利或者损害公利来谋取私利，都是违背道德的不义行为。在区分"为谁之利"的问题上，儒家认为以谋求他人之利、社会之利作为动机或目的的就是义；以谋求自我之利、一人之利、

---

[1] 张克政：《儒家义利观的主流思想及其当代价值》，《中国社会科学报》，2015年11月4日。

一家之利作为动机或目的的就是不义。可见，儒家追求的所谓"义"实质上以国家、社会和民族发展的大利；儒家所讲的所谓"利"其实是自我之利、一人之利、一家之利为内容的小利。儒家秉持的价值观认为私利要服从公利、小利要服从大利，甚至为了公利可以牺牲私利、为了大利应当放弃小利。这样的价值观，在董仲舒提出"罢黜百家、独尊儒术"之后，成为了中国封建社会的统治者所推崇的主导价值观；而到了程朱理学在思想界占据统治地位之后，更是走向了"存天理，灭人欲"的义利对立，这种极端思想已经是对"利"的完全否定。

（二）岭南人对义利观问题的见解

在岭南人看来，社会生活的主体是活生生的、现实的人，而且表现为以"我"为核心的个体存在。在价值认知和价值实践中，岭南人总是习惯于以"我"作为价值评价的主体，按照是否满足"我"的需要以及多大程度的满足来判断某种事物有没有价值或价值的大小。换言之，岭南人对价值范畴的理解始终围绕"我的存在"（亦即"我的生活"）来思考，坚持以利益——"我的生活需要"的满足来判断有没有价值以及具体价值目标的实现程度。

在岭南人看来，一切价值和意义都要源于自我的生存与发展，都要源于自我对生活本质的认识。因为"我"作为社会生活的主体，对是非善恶的评价最有发言权，而且道义不能是空洞的、抽象的，必须从社会生活要体现的权利义务来辨别和评判。所以，在岭南文化中义与利的关系不是对立的而是相互统一的，即既要遵守义的原则和要求，又要尊重个人对利益的追求和获取。

作为中华文化的重要组成部分，岭南文化受儒家思想的影响还是非常深刻的，其中许多价值理念与儒家思想都是一致的。比如对"家—国"同构的社会认同上就具有广泛的一致性，尤其客家文化中"有国才有家"的思想一直都根深蒂固、世代相传、不可动摇。然而，在岭南思想文化中，岭南人对义利观问题的认识还是有自己相对独立的见解。其中，最明显区别是在"义"与"利"的关系问题上不是像儒家那样把两者看作是对立的，而是看到了两者之间的相容性和依存性。

在岭南文化思想中，义被认为是重要的，利同样是不可或缺的，即不能简单奉行所谓"杀身以成仁"之道，也不可妄行"见利忘义"之举。因此，岭南文化在价值判断上一直秉持重义也重利的价值原则，甚至把"牟利"或"发财"看作是名正言顺的价值追求。如今逢年过节，"恭喜发财"是与"五谷丰登""财运亨通""万事胜意""阖家欢乐"等吉祥用语一起，成为人们相互祝福最常用的话语，这正是重利的价值原则被广泛认同和普遍推崇的具体表现。千百年来，相互之间"恭喜发财"的温馨祝福和衷心祝愿演，演变成了岭南人世代相传、妇孺皆知、津津乐道的民俗习惯。

在发展社会主义市场经济的条件下，对义和利的理解已经有了新的内涵。强调义是要维护社会公平正义，不能用坑蒙拐骗的手段谋取不当利益；强调利其实就是要敢于去追求经济效益，去谋求利益最大化，用诚实劳动与合法经营让自己富裕起来。因为自古以来岭南人就有义利统一的思想理念和文化传承，对这样的理解不仅最能够接受而且最愿意去践行，所以在改革开放过程中广东率先迈出了新步伐，率先开启了面向市场经济的改革实践，并且用快速发展取得的辉煌走在了全国前列。可以说，重义而不轻利是岭南文化一直坚守和奉行的价值原则，也是岭南文化在今天能够具有强大影响力的活力所在。

（三）重义而不轻利的岭南缘由

岭南文化之所以会在价值观上把重利与重义统一起来，习惯于理直气壮地重义求利，这与岭南所处的独特地理位置以及岭南人在生存方式上的特殊性是密不可分的。众所周知：岭南作为一个自然地理概念，主要是指由湖南与江西南部、广西和广东北部交界处的越城岭、都庞岭、萌渚岭、骑田岭、大庾岭所构成的"五岭"山脉以南地区。在地理位置上，岭南地区有两个显著特点：一是远离中原，二是面向大海。这两个特点，决定了长期在岭南地区生存和发展的岭南人会形成独具特色的价值理念、生活方式、文化传承。

首先，由于有天然屏障与中原地区的"隔离"，让岭南地区有了相对自主的发展空间。湘、赣边相邻的崇山峻岭把岭南地区与中原分隔开来，使得岭南与中原地区的交往受到许多限制。相对于地处中心地位的中原而言，岭南地区只不过是"海角天涯"的边陲。虽然秦始皇时期，在广西兴安县修建"灵渠"（又名"湘桂运河"）之后，把珠江水系才与长江水系连成一体，使岭南与中原地区的水路联系得以通达，但是山高水长，路途遥远，交通依然极为不便。唐代张九龄开辟南岭驿道，岭南岭北之间的交流才日趋频繁，文化融合也更加深入和广泛。尽管如此，岭南与中原地区在政治、经济和文化上还是存在诸多"隔离"，也正是这样的"隔离"才使得岭南地区能保持着自己相对自主的生活习惯和文化传统。

其次，由于面临大海，使岭南拥有与世界连通的巨大优势。因为岭南地区属于南海的大陆架，离开大陆和岛礁就进入南海了，并且与越南、马来西亚、新加坡、印度尼西亚、菲律宾等国都隔海相望。岭南地区有绵长的海岸线和许多天然良港，可以利用的海洋资源极其丰富，渔业经济非常发达，海洋运输条件十分便利，对外贸易和文化交流活跃而频繁。其中，广州既是珠江航运最发达的内河港，也是通往东南亚、大洋洲、中东乃至非洲等地区最为便捷的出海港，具有进行海外贸易最便利的条件。得天独厚的海洋优势为岭南人提供了可以到海外"讨生活"的发展空间，不仅推动了中原文化与海洋文化之间的相互交流，而且还促进了农耕文化与商业文化之间的相互融合。所以，岭南文化一向具有很强的融通性、拓展性和创造性，不仅具有开放包容、海纳百川的文化品格，而且还具备博采众长、推陈出新的文化个性。

岭南境内的大部分地区都在北回归线以南，属热带、亚热带季风气候类型，常年气候温暖、雨量充沛。岭南地形地貌多以高山、陡岭、丘陵、台地为主，除由东江、北江和西江汇流形成的珠江三角洲平原以及韩江下游范围不大的潮汕平原有利于经济发展之外，其他地区如粤北、粤西等地经济发展的条件也十分有限。因为岭南境内多属山地丘陵和沿海近水地带，不像中原地区那样拥有广袤宽阔的平原，渔猎捕捞成了最主要的经济来源，有嗜食鱼、龟、蛇、虾、蟹、蚌、蛤、螺等水产食物的饮食习惯，这样就逐步形成了李锦全先生所说的"陆事寡而水事众"的岭南生活特色。又因为江河湖海的水总是千变万化的，有风平浪静的秀美更有巨浪滔天的凶险。在常年的涉水和行舟过程中，岭南人不得不思考如何才能"道法自然"、如何才能顺应水的变化规律来谋求自己的生存和发展。这些问题就是岭南人需要面对的人生哲学问题。而对这样的人生哲学问题给予的回答，毫无疑问就应该是对自己生活实践经验的反思、总结和概括。这就是岭南文化中实用主义价值理念形成的重要机制。

比如，岭南人"断发文身"的习俗就很能体现出这种实用主义的价值观。所谓"断发"，就是把自己的头发剪短或剪掉。在儒家思想中有非常明确的说法，即"身体发肤，受之父母，不敢毁伤，孝之始也"[1]。按照儒家的思想观念，"断发"就是不尊重父母、违反孝道的行为。但是，岭南人为了便于下水劳作而养成的"断发"习俗，就不能说是有违"孝道"的大逆不道，反而应该是一种实用主义的生存之道。所谓"文身"，就是在脸上和身上刺画各种花纹、图案。这种行为同样是对身体的一种"毁伤"，按照儒家的思想观念也是"不孝"的行为。但是，岭南人之所以这样做并不完全是为了审美的需要，而是为了在下水劳作时能趋赶蛟龙或水怪以保存自己的性命。所以，对于岭南人而言，"断发文身"的习俗就像平常多穿短袖衣服、喜欢赤足不穿鞋、住干栏式木屋等行为习惯一样，是在岭南气候条件下对生活方式的重要选择。

这样的生活习性意味着，尽管岭南文化与中原文化有着许多密不可分的内在关联（比如历来都有岭南学术"北人南传"之说），但是岭南人不容易、也不可能陷入那种"独尊儒术"式的保守、封闭和僵化之中。相比较而言，这样的生活环境、行为选择反映到岭南人的人生态度上，就很容易形成以自我为中心、以实用主义为原则的价值理念。所以，岭南人在价值观上一向秉持着重义但不避利、也不轻利、甚至更重利的文化传承，在其生活环境和生活方式上是有很强的内生性缘由的。

---

[1] 黄得时：《孝经今注今译》，天津古籍出版社，1988年，第1页。

二、推崇求真务实的文化风格

岭南文化具有不拘一格的务实、不定一尊的包容和不守一隅的进取的鲜明特点。在岭南文化的长期浸润之下，求真务实成为了岭南人最为惯常的思维方式、价值理念和处事风格。在日常生活中，岭南人把求真务实融入自己社会行为的方方面面，面对困难和挑战总是体现出很强的务实性、灵活性和应变性。这样的文化特质，让作为岭南文化中心地的广州形成了敢为人先的城市人文品格。

（一）奉行经世致用的价值理念

岭南人价值观念的形成既与岭南的地域和生活方式有关，更与岭南人所崇尚的哲学思想对人生意义的理解有关。在岭南哲学中，有用、实在、自得、知足都是表达价值判断的重要范畴，也是岭南人用于观察世界、思考问题、读解人生的基本价值理念。对此，刘斯奋先生曾用"三不"来概括和总结，即"不拘一格，不定一尊，不守一隅"[1]。

"不拘一格"，主要是指岭南人的秉性非常务实，做人做事没有太多条条框框，判断是非、决定取舍时特别注重实效，并且善于审时度势、权衡利弊、及时做出调整。"不定一尊"，主要是指岭南文化具有非常强大的包容性，不主张绝对信奉或遵从的权威，而是推崇能者为师，主张人与人之间彼此尊重、平等交往、相互学习，强调谁也不比谁更优越、更显贵，居高临下的精英意识被忽略甚至否定，强权意志、依附人格和等级观念被淡化，独立意识和平民意识却被认可、褒扬和推崇。"不守一隅"，主要是指岭南人为了生存和发展，不肯固守一隅，坐以待毙，而是不惜经常变换生活的环境和方式，以便获得更好的"转运"之机。

这"三不"价值理念的核心其实就是强调要经世致用。因为在岭南人看来，一切理论、思想、观念、模式、方法、路径都要为社会生活实践服务，

---

[1]刘斯奋、谭运长：《岭南文化的独特价值在哪里》，《同舟共进》，2007年第6期。

要能够解决社会生活实践面临的具体问题，要有利于推动社会进步和发展，能够让自己得到好处或利益，否则一切权威都是虚妄和胡说，都可能成为祸害。所以，岭南人从来都善于在实践中求生存、求创新、求发展，"如果在岭南活得不顺心，他们会干脆跑到海外去"[1]。这就是岭南人敢于求变的务实风格。可以说，刘斯奋先生总结的这"三不"理念是岭南文化很重要的特征，它像血脉一样流淌在岭南人生活的历史和现实中，对作为岭南文化中心地的广州有着极其深远的影响。

（二）"三不"理念的文化内涵

岭南文化"三不"理念的形成，除了与岭南地区的地理、气候等自然条件有关之外，更重要的原因还是与岭南的移民历史有关。我们知道，中原移民大批量进入岭南，大约开始于秦汉时期。"秦始皇统一六国后，开始把岭南作为强制迁徙中原罪徒的一个基地。"[2] 在强制南迁的"罪徒"当中，有不少是拖家带口的，在岭南长期生活就成为了扎根岭南的移民。当时秦朝为了能够更好治理岭南这块"南蛮之地"，派驻了不少官员、大批士兵以及其他人员。如《史记·海南衡山列传》记载，当年赵佗曾向朝廷"求女无夫家者三万人，以为士卒衣补。秦皇帝可其万五千人"。这一万五千无夫家的女性入籍岭南后，要与士卒或当地人成家、繁衍人口，这样就迅速扩大了岭南地区的移民群体。到了唐宋之后，中原地区由于战乱、灾祸等原因，经常出现四处流散的人群（史称"流人"），他们也纷纷作为移民不断流入岭南地区，成为岭南人口增殖的重要来源。

这些民众"有经湘水、漓水由广西进入粤西；或经鄱阳湖赣江进入粤北，也有经浙、闽沿海进入粤东、粤中"[3]。他们远涉千山万水来到岭南，其根本的目的无非就是为了谋生，即寻找新的活路。这就需要打破自己原有的思

[1] 刘斯奋、谭运长：《岭南文化的独特价值在哪里》，《同舟共进》，2007年第6期。
[2] 李锦全、吴熙钊、冯达文：《岭南思想史》，广东人民出版社，1993年，第21页。
[3] 李锦全、吴熙钊、冯达文：《岭南思想史》，广东人民出版社，1993年，第23页。

想观念，甚至放弃原来的身份地位和生存方式，才能适应新的环境，开始自己新的生活。再由于来自不同地域的移民都带有各自不同的思想观念、言语方式和生活习俗，与土著居民的生活方式和行为习惯也有巨大差异。彼此之间为了共谋发展就需要相互尊重，才能和睦相处。这样就逐步形成了多元文化相互对话、交流、融合的共存关系。在历史变迁过程中，不断有新的移民来到岭南谋生，一直延续着这种文化多样性的生活方式，因而也就不断养成了岭南人择善而从的品格和心态，并在这样的品格和心态中孕育着"不拘一格""不定一尊""不守一隅"的务实情怀。

（三）彰显求真务实的文化个性

所谓求真，就是对真理的追求。它表明岭南人对认识规律并按规律办事的那份执着。求真的过程，既是不断走向真理、接近真理和把握真理的认识过程，也是不断试错、不断探索、不断冒险的实践过程。对于那些背井离乡来到岭南谋生的移民而言，原有的一切都不复存在，也不被承认，一切都得自力更生、从头开始。而要想在新的竞争环境中立足和发展，就需要有知识、懂技术、敢冒险、会创新。有知识、懂技术是能干事、干成事的基本前提；敢冒险、会创新是创业干事的精神和能力体现，是能干事、干成事的根本保证。

其实，对于每个人而言，要能干事和干成事都离不开对真理的追求，也离不开求真的本领。所以，岭南人特别能接受"真理面前人人平等"的价值理念，因为每个人都希望自己有本事，并为成就自己的事业而不断求真、不懈努力。这样的求真包含着"道法自然"的深刻感悟和认知规律、遵从规律、按规律办事的行为方式，在历史演进的过程中不断得到传承和升华，逐步凝聚成为岭南文化最有活力的创新精神。

如今在粤语交谈中人们常常会说"睇真滴"，其意是指要认真了解和把握真实情况，不要被事物的假象所蒙蔽或迷惑。日常用语是文化传承的重要体现，反映出人们常态化的思维习惯和行为要求。从这意义上说，"睇真滴"可以看作是岭南人的"求真"精神在日常生活中的话语表达，它体现出岭南人为人处世的基本态度和辨别是非的理性选择。当然，为了"求真"——亦即"睇真滴"，岭南人在思维习惯和行为方式上就善于从实际出发，崇尚具体问题具体分析，因而也就有"不拘一格、不定一尊、不守一隅"的文化个性。

所谓务实，就是务求实效。通常是指脚踏实地、勇于进取、不尚空谈的行为风格。在价值考量上，务实也是指讲求实在和实惠。岭南文化和岭南人主张的"务实"，既包含脚踏实地、勇于进取、不尚空谈的行为风格，也包含讲求实在、追求实惠的价值理性。这种务实的文化风格，被誉为"中国留学生之父"的容闳称为"勿为大言，只求实际"[1]的行为习惯。如前所述，历代移民不远万里来到岭南寻求新的生活，不得不勇于探索，大胆尝试，奋力进取，否则就无法面对和适应全新的环境。这种传统决定了岭南人在本性上有一种敢于冒险的奋斗精神，也决定了岭南人为人处世要兢兢业业、踏踏实实、尽其所为、务求实效，不能空谈。所以，岭南人的特点总是勇于担当、勤于创业，习惯于讲实在、讲实干、讲实效。他们厌恶那些不切实际的空洞说教，尤其不会把时间花费在无谓的争论上，哪怕冒险做"第一个吃螃蟹"的人也心甘情愿。

然而，在现实生活中敢做"第一个吃螃蟹"的是非常需要勇气和胆略的，大凡胆小怕事者都不敢问津。而岭南人这种敢于"第一个吃螃蟹"的勇气和冒险来自哪里呢？这恐怕跟岭南地区喝"头啖汤"的民间说法有很大关系。众所周知，喝汤是岭南人一种非常讲究的生活习惯，现在煲老火靓汤仍是广东人每家每户的挚爱。所谓"头啖汤"，就是第一拨儿出锅的汤，有时也指老火靓汤煲好之后舀出供品尝的第一口汤。因为"头啖汤"的汤色品质最好、营养价值最高，能够喝到"头啖汤"是最大的福分和荣耀。在生意场上，岭南人也经常讲要喝"头啖汤"，它的意思是做生意要起得早、赶在先，才有利可图、有财可发。否则，你就抢不过别人，也就喝不到"头啖汤"。其实，在粤语里喝"头啖汤"就意味着可以有收益、能够得实惠。换言之，岭南人

---

[1] 韩强：《精神心理文化与岭南人的价值支柱》（上），《岭南文史》，2008年第1期。

之所以愿意并敢于"第一个吃螃蟹"，其根本原因就是因为有可以喝到"头啖汤"的好处。

从本质意义上说，求真与务实是内在统一、不可分割的——求真就是务实，务实就要求真。这种理性原则渗透在人们日常生活的为人处世中，表现为对实在、实用、实惠和实效的尊重，人与人之间可以毫无避讳地表达利益诉求。在岭南人看来，能发财（或称"发达"）是一个人有本事和有能力的表现，是非常值得人们尊敬和褒扬的。所以，"恭喜发财"也就成了坊间最常用的祝福用语。在这一价值理念的支配下，岭南人习惯于以海纳百川的心态去包容、学习和接受各种思想、理念、文化、知识和技能，以达到博采众长、择善而从、为我所用的目的。

这也就决定了岭南人在现代文化与传统文化、本土文化与外来文化之间面临激烈交锋和冲突的过程中，从来都不保守、不封闭、不僵化，没有故步自封或抱残守缺的自我满足，而是热衷于从交流、交锋或冲突中把握有利于自我提升和发展的机会，寻找对自己有用的新思想、新技能、新工具和新途径，以获得让自己更加有所作为、更有发展前途、更能展示优势的看家本领。这样的文化传承，也让广州这座城市历来都具有开放包容的文化品格。

三、崇尚享受自在的人生态度

人到底该怎么活？这既是生命哲学的追问，也是生命理论应当给出的人生指引。在选择活着的方式上，岭南人有着非常朴素的价值判断和意义理解，他们基于岭南生活环境的现实思考，在世代相传的生活经历中，探寻了一套追求自在为本、勤于自我奋斗、享受自得其乐的生活方式。在岭南人祖祖辈辈的生活理念中，从来没有怨天尤人的悲愤，也没有"等、靠、要"的懒惰，而是始终昂扬着一种不畏困难、开拓进取的奋斗精神，始终展现着用自己的聪明智慧和辛勤劳动去创造幸福生活的人生斗志。这样的精神和斗志，其实就是广州城市文化建设最需要挖掘的文化底蕴。

（一）生命伦理的自在意义

享受对于人的生命存在至关重要，它是生命状态最重要的意义表达和价值追求。马克思指出：人的需要包括生存、享受和发展三个层次，满足人的需要是"人以一种全面的方式，也就是说，作为一个完整的人，占有自己的全面的本质"[1]。因而有学者认为：生存是基础，发展是趋向，享受则是"人生自在生命的自由体验"[2]。因为如果没有享受的生存就不是理想的生存，甚至不是真正意义上的生存。所谓"人生自在生命的自由体验"，就是指人能够体验到按其本性自由自在地存在和发展的价值，能感受到人活着最本真的意义。

在生命伦理学看来："生命的自身性的首要含义，就是生命的自在性，即生命按自己的本性要求而存在并敞开其存在。这对每个生命物种、每个物种生命个体来讲，都没有例外。这种无一例外的本质同构和同等要求，构成了生命存在的绝对平等。因而，生命的自在性，必以他生命的自在性为本来要求。"[3]按照这一理解，享受应该是人的生命存在符合其自在性要求并敞开其存在价值的伦理体现。

如果按照马克思所阐述的关于人的全面解放意义来理解，享受更应该成为价值追求的终极目标，即"它是人和自然之间、人和人之间的矛盾的真正解决，是存在和本质、对象化和自我确证、自由和必然、个体和类之间的斗争的真正解决"[4]。在马克思看来，享受是以"自由时间"（free time）的获得为前提的。在人类活动的意义上"自由时间"是"不被生产劳动所吸收"的时间，是"娱乐和休息""发展智力，在精神上掌握自由"的时间，也是摆脱了异化状态"自由运用体力和智力"的时间。在这种"自由时间"里，

---

[1]《马克思恩格斯全集》（第42卷），人民出版社，1979年，第123页。

[2] 潘立勇：《休闲与审美：自在生命的自由体验》，《浙江大学学报》（人文社会科学版），2005年第6期。

[3] 唐代兴：《生命的自在意蕴与伦理本位——生命伦理学研究的三维向度》，《昆明理工大学学报》（社会科学版），2016年第1期。

[4]《马克思恩格斯全集》（第42卷），人民出版社，1979年，第120页。

人的劳动是自由的创造，而不是奴役状态下的被动的劳作，人对劳动产品的享受是自由的欣赏，而不是私有欲中狭隘的占有；在休闲中，人的"自由""自觉"的本性充分体现，人不仅按其类的固有尺度生存，也按"美的规律"生活。[1]

（二）岭南文化的自在思想

在岭南思想文化中，关于人生享受的价值追求虽然还不能上升到马克思主义对人的本质的理解那样的高度，也不可能达到生命伦理学对"生命的自在性"的理解那样透彻，但其对人生价值和意义的理解确实又包含着对生命自在性的一种朴素认知，其中渗透着类似庄子所说的"知其不可奈何而安之若命"的那种超脱。

在岭南人看来，大自然是人生命存在的前提和基础，人在大自然面前是渺小的。比如日月经天、周而复始、崇山峻岭、辽阔海洋、千沟万壑、狂风巨浪等都是难以改变甚至是无法改变的。既然如此，那么只有顺应自然才能获得自在的生活。所以，人的生存就应当融入自然界的发展过程，尊重其必然规律，顺应并适应其发展趋势，而不能反其道而行之。这就是岭南人在人与自然关系上所形成的朴素自然观和主张"道法自然"的生存意志。在佛教的话语里，有"青青翠竹尽是法身，郁郁黄花无非般若"的说法。借用这句话来表达岭南人对待自然和崇尚自然的心境，也是比较适合的。

岭南人这种顺应自然的心境与崇尚享受的价值追求有什么内在关系呢？这里我们需要引出一个重要概念——"自得"，来做进一步说明。我们知道："自得"原是孟子提出的概念，指一种道学资深、可以随心所欲的精神境界。孟子说："君子深造之以道，欲其自得之也。自得之，则居之安；居之安，则资之深；资之深，则左右逢其原，故君子欲其自得之也。"[2]后来，魏晋玄学家使用"自得"来阐发庄子逍遥自在的思想。按照朱熹的注解，所谓"自得"是指一种"自

---

[1] 潘立勇：《休闲与审美：自在生命的自由体验》，《浙江大学学报》（人文社会科学版），2005年第6期。

[2] 刘方元：《孟子今译》，江西人民出版社，1985年，第161页。

然而得之于己"的状态。意思是对于某种道理有自己独到的体会,不随波逐流,不人云亦云,不唯书唯上,不受环境的影响和束缚,能够按照自我的认知去行为。

受到这些思想的影响,岭南大儒陈白沙更是把"自得"看作是一种很强调主体自我存在和独立精神的思想境界。他认为"自得"是一种超脱:"山林朝市一也,死生常变一也,富贵贫贱威武一也,而无以动其心,是名曰'自得'。自得者,不累于外物,不累于耳目,不累于造次颠沛,莺飞鱼跃,其机在我。知此者谓之善学;不知此者虽学无益也。"[1]他举例说:"士从事于学,功深力到,华落实存,乃浩然自得,则不知天地之为大,死生之为变,而况于富贵贫贱、功利得丧、屈信予夺之间哉!"[2]在陈白沙看来:要真正体验到"自得"需要有自己的内心感悟,要能达到一种"优游自足无外慕,嗒乎若忘,在身忘身,在事忘事,在家忘家,在天下忘天下"[3]的知足而自得之境。

(三)自得其乐的人生享受

在学术意义上,陈白沙所理解的"自得"是以对"天理"的自我体认和感悟为前提的,体现出浓厚的"以自然为宗"的学术思想和价值理念。这一哲学思想为岭南人崇尚自我享受的人生价值追求提供了重要的学理依据。陈白沙认为:"人与天地同体,四时以行,百物以生,若滞在一处,安能为造化之主耶?古之善学者,常令此心在无物处,便运用得转耳。学者以自然为宗,不可不着意理会。"[4]又说:"自然之乐,乃真乐也。宇宙间复有何事?"[5]在陈白沙看来,人生活的意义就在于追求与自然共生的自在、自得和自乐。这其中既有追求"天人合一"的价值理想,也有遵从自然、顺乎自然、道行合一的自我感悟,体现出对现实人生的肯定和和满足,张扬着一种"自信自乐"

[1]黄宗羲:《明儒学案》(上),沈芝盈点校,中华书局,2008年,第90页。

[2]孙通海点校:《陈宪章集》(上),中华书局,1987年,第8页。

[3]孙通海点校:《陈宪章集》(上),中华书局,1987年,第16页。

[4]孙通海点校:《陈宪章集》(上),中华书局,1987年,第192页。

[5]孙通海点校:《陈宪章集》(上),中华书局,1987年,第192—193页。

的人生境界。

在社会生活层面，陈白沙所理解的"自得"也是一种能够淡泊名利、享受人生快乐的自我超脱境界。陈白沙不赞同周敦颐关于"铢视轩冕，尘视珠玉"的说法就很能体现这一思想。周敦颐把轩冕作为官爵地位的象征，把珠玉作为钱财富贵的象征，认为对轩冕要看得像铢两一样轻，对珠玉要看得像灰尘那样微不足道。陈白沙认为："前辈云：'铢视轩冕，尘视金玉。'此盖略言之以讽始学者耳。人争一个觉，才觉便我大而物小，物尽而我无尽。夫无尽者，微尘六合，瞬息千古，生不知爱，死不知恶，尚奚暇铢轩冕而尘金玉耶？"[1]陈白沙反复强调："忘我而我大，不求胜物而物莫能挠。"[2]"天下之物尽在我而不足以增损我，故卒然遇之而不惊，无故失之而不介，舜禹有天下而不与，烈风雷雨而弗迷，尚何铢轩冕尘金玉之足言哉！"[3]因此，陈白沙所主张的"自得"，其实就是要人们去追求一种自我认知、自我满足、自得其乐的自在人生。

陈白沙的哲学思想植根于岭南的社会生活实践，是对岭南人生活哲学的重要概括和总结。这种"以自然为宗"、以"自然之乐"为"真乐"的思想反映出岭南人的生活态度和价值追求的本真。这其实也是为什么岭南人能在"一盅两件"（这是广州人对"喝早茶"的一种习惯性表述）的日常生活中感受到人生的满足的缘由所在，因为"一盅两件"内涵着一种可以让人"叹世界"（即自由享受生活、享受人生）的幸福体验。这种被广州人普遍认同的生活方式和世代相传的生活习惯，也让广州这座城市成为最具人文气息、最有生活情趣的文化都市。今天，广州在改革开放的历史进程中已经越来越融入了国际化的发展，但是广州人始终保持着顺其自然、无怨无悔、自得其乐的生活态度，这正是广州这座城市最能让人感到自我存在价值的深厚文化基础。

---

[1] 孙通海点校：《陈宪章集》（上），中华书局，1987年，第242—243页。

[2] 黄宗羲：《明儒学案》（上），沈芝盈点校，中华书局，2008年，第90页。

[3] 孙通海点校：《陈宪章集》（上），中华书局，1987年，第55页。

第四章　构建枢纽型城市文化网络体系

建设枢纽型网络城市是广州以习近平新时代中国特色社会主义思想为指引，进一步落实新发展理念、全面建设国家中心城市、实施创新驱动战略、积极融入世界城市体系的重要战略决策。在城市发展战略确定之后能否得到有效落实关键还要看能否形成广泛的主体共识、能否凝聚推动实施的强大力量，一个不可忽视的因素就是要有与之相应的文化支持和引领。为此，广州亟待全面提升城市文化建设的质量和效能，大力构建枢纽型文化网络体系，为建设枢纽型网络城市奠定坚实的文化支撑。

一、建设枢纽型网络城市的文化期待

对于建设在国际上有影响甚至能发挥主导或控制功能的枢纽型网络城市而言，广州迫切需要在城市文化建设上开展一次以思想解放、观念更新、价值引导、心态调适为内容的文化培育、转换和提升，让文化为城市面向未来的新发展提供精神动力和智力支持；还需要围绕建设枢纽型城市对文化发展的总体需求，调整文化建设和发展的战略布局，构建支撑广州作为枢纽型网络城市迈向世界所需要以及相匹配的枢纽型文化网络体系。

（一）城市发展的软实力因素

约瑟夫·奈的"软实力"理论认为，"软实力"（Soft Power）是相对于"硬实力"（Hard Power）而言的，是价值观念、生活方式和社会制度的吸引力和同化力。与"硬实力"不同，"软实力"主要通过信仰、精神和道德诉求的传播、示范和引导，去感化、诱惑和说服别人改变某种原有的价值观和生活方式而接受某些行为准则、价值观念和制度安排。在国际竞争中，"软实力"是一种利用"非强迫手段"来达到自己所愿（目的）的能力，主要包括文化的影响力、意识形态的感召力以及政治价值观与制度安排的吸引力等，是国家综合国力和国际竞争力的一个重要组成部分。

约瑟夫·奈的"软实力"理论之所以被广泛推崇，就是因为他超越了"硬实力"竞争的传统思维，给人们提出需要高度重视"软实力"较量的新视域。虽然在国家、地区乃至城市之间的竞争中，"硬实力"和"软实力"并不能简单分开，但是约瑟夫·奈的"软实力"理论突出了文化因素在综合竞争中的重要地位，凸显了推动文化发展、扩大文化影响所具有的功能和作用。"软实力"的理论表明：谁就拥有强大的文化软实力，谁就能掌握价值判断的话语权，就能让别人接受自己的价值观并认同自己所选择的通往未来的"道路"。

在约瑟夫·奈提出"软实力"概念之后，文化发展问题受到了前所未有的重视。因为文化既是构成"软实力"的基石，也是"软实力"发挥作用最根本的决定因素。世界各国在"软实力"上的竞争，其实就是文化影响力的竞争。所以，在经济社会发展的过程中重视文化发展，努力提升自身的文化影响力，成为许多国家或地区乃至许多城市发展取向未来发展越来越重要的战略选择。这就意味着，在城市发展过程中文化既不是某种可有可无的"摆设"，也不是用于锦上添花的"点缀"，更不是那种说起来重要、做起来次要、忙起来不要的"闲事"。

（二）从文化自信到文化自强

按照马克思主义关于社会存在决定社会意识、社会意识对社会存在具有能动反作用的基本理论，文化作为人类生存和发展的"灵魂"和"价值追求"，属于社会意识的范畴，它对于人们的社会实践具有重要的指导意义，也对人们的社会生活具有重要的引领作用。在文化建设上，我们党一直高度重视，尤其在改革开放过程中强调把解放思想作为先导，把"两手抓、两手都要硬"贯穿其中，积极探索中国特色社会主义的文化发展道路，努力推动文化与经济社会的协调发展。

在《中共中央关于深化文化体制改革　推动社会主义文化大发展大繁荣若干重大问题的决定》中，我们党已清醒地认识到："当今世界正处在大发展大变革大调整时期，世界多极化、经济全球化深入发展，科学技术日新月异，各种思想文化交流交融交锋更加频繁，文化在综合国力竞争中的地位和作用更加凸显，维护国家文化安全任务更加艰巨，增强国家文化软实力、中华文化国际影响力要求更加紧迫。"[1] 做出这一决定，表明我们党作为执政党对加强中国特色社会主义文化建设发展的高度重视，它体现着我们党基于文化自信和文化自觉对推动社会主义文化大发展大繁荣所具有的鲜明态度和所作出的理性抉择。在这一决定中，我们党提出了"建设社会主义文化强国"的奋斗目标。

党的十八大以来，我们党对加强中国特色社会主义文化建设又做了一系列新的部署，党的十九大报告明确强调要"坚持中国特色社会主义文化发展道路""激发全民族文化创新创造活力""建设社会主义文化强国""提高国家文化软实力"等一系列重要论断。习近平总书记站在要实现中华民族伟大复兴中国梦的发展大局上反复强调："一个国家、一个民族的强盛，总是以文化兴盛为支撑的，中华民族伟大复兴需要以中华文化发展繁荣为条件"[2]；"文化自信是一个国家、一个民族发展中更基本、更深沉、更持久的力量"[3]；"文化兴国运兴，文化强民族强。没有高度的文化自信，没有

[1]《中共中央关于深化文化体制改革　推动社会主义文化大发展大繁荣若干重大问题的决定》，《人民日报》，2011 年 10 月 26 日。

[2] 习近平：《认真贯彻党的十八届三中全会精神　汇聚起全面深化改革的强大正能量》，《人民日报》，2013 年 11 月 29 日。

[3] 习近平：《决胜全面建成小康社会　夺取新时代中国特色社会主义伟大胜利——在中国共产党第十九次全国代表大会上的报告》，人民出版社，2017 年，第 23 页。

文化的繁荣兴盛，就没有中华民族伟大复兴"[1]。这些重要论述充分表明，我们党已经清醒地认识到从文化自信走向文化自强的重要性和紧迫性。因为"文化强国"战略需要通过具体的"文化强市"来落实和推进，所以就加强城市文化建设而言，也需要有提升文化软实力的实践自觉，要把"文化强国"的战略布局与推动"文化强市"建设统一起来。从这一意义上说，建设枢纽型网络城市作为广州实迈向国际化的城市发展战略，也内涵着建设"文化强市"、提升文化软实力的实践自觉，加强枢纽型文化网络体系建设更是一项必不可少的基础工程。

（三）文化心境的培育与提升

建设枢纽型网络城市，意味着广州要在如何提升城市功能和如何融入世界城市体系上实现新的突破和新的跨越。这样的突破和跨越无疑是一次深刻的社会转型，不仅需要有取向现代化和国际化的功能提升，而且还需要有思想观念和文明程度的文化提升。这就需要从决策者到市民都要有建设枢纽型网络城市的理性共识，以凝聚积极参与建设枢纽型网络城市的强大精神力量。因为要真正建设成为一个有国际影响力的"枢纽型网络城市"，必须以在文化身份和文化地位上具有要建设成为"枢纽型网络城市"的广泛认同为前提。而要满足这一条件，就不仅需要城市文化功能的充分彰显和文化软实力的全面提升，而且还需要将文化建设成果转化为提升现代文明生活品质所要求的社会文化心态与心境。

英格尔斯曾经指出："如果一个国家的人民缺乏一种能赋予这些制度以真实生命力的广泛的现代心理基础，如果执行和运用这些现代制度的人，自身还没有从心理、思想、态度和行为方式上经历一个向现代化的转变，失败和畸形发展的悲剧就是不可避免的。再完美的现代制度和管理方式，再先进

[1] 习近平：《决胜全面建成小康社会　夺取新时代中国特色社会主义伟大胜利——在中国共产党第十九次全国代表大会上的报告》，人民出版社，2017年，第40—41页。

的技术工艺，也会在一群传统人的手中变成废纸一堆。"[1] 所以，建设枢纽型网络城市一定要以人们在思想观念、价值理念和文化心态的调整和适应为前提。而这样的调整和适应并不会自然而然地实现，只有当文化建设能够与建设枢纽型网络城市相适应，它才能为建设枢纽型网络城市提供思想共识、精神动力、智力支持和价值引领。

在现代社会发展过程中，文化引领和驱动发展的功能越来越重要，也越来越凸显。对此，有学者甚至认为一个以"文化＋"为发展动力的"文化时代"正在来临。这一时代最鲜明的特征就是文化成为生产力，推动经济社会发展要以文化为引导。基于这样的时代发展，得改革开放风气之先并率先发展起来的广州，能否在"改革不停步，开放不止步"的新征程中继续走在全国前列？能否在建设国家中心城市以及在粤港澳大湾区建设中发挥核心引擎的作用？能够在迈向现代化和国际化发展的过程中彰显出更有影响力的"广州模式"或"广州形象"？对于这些问题的思考和回答，恐怕都离不开如何形成文化的支撑、引领和驱动。因此，在建设枢纽型网络城市的过程中，要坚持以习近平新时代中国特色社会主义思想为指导，在坚定中国特色社会主义文化自信的基础上，着力构建推动城市新发展所必需的文化基础，为落实城市发展新理念，为在新的历史起点上弘扬改革开放精神，为继续推进改革、在更高水平上扩大开放，提供基于文化共识与思想统一的强大精神力量。要充分认识，新形势下必须有文化的引领和推动，广州才能在构建推动经济高质量发展的体制机制、建设现代化经济体系、形成全面开放新格局、营造共建共治共享社会治理格局等方面走在全国前列。

二、建设枢纽型网络城市的文化滞阻

经过改革开放四十年的快速发展，广州的经济社会发展已经取得长足进步。从连接世界的交通设施到蓬勃发展的外向型经济，从日益密切的国际商

[1] 英格尔斯：《人的现代化》，四川人民出版社，1985年，第97页。

务合作到日益广泛的国际人文交流，广州的国际影响力越来越大，已经具备建设枢纽型网络城市的坚实基础。如果说"建设枢纽型网络城市"是推动广州在新的历史条件下走出一条发展新路的重要战略决策；那么，要把这一战略决策贯彻落实好，就需要增强与"建设枢纽型网络城市"要求相适应的文化自信和文化自觉，从文化建设上为顺利实施这一战略提供缘于主体认知的心理支持、观念引领、精神状态与创新活力。从文化视域来考量，广州要建设枢纽型网络城市有不少问题是需要高度重视的。

（一）目标共识不强问题

　　建设枢纽型网络城市是中共广州市委十届九次全会根据广州城市发展所处的历史新方位、新条件和新机遇，对广州未来发展方向和目标做出的重要决策。这一决策提出："建设枢纽型网络城市，是适应全球城市发展新趋势，传承广州城市发展脉络，实现国家赋予广州的城市定位，巩固提升国家重要的中心城市地位的内在要求。"[1] 因而，要围绕形成层次更清晰、功能更完善、联系更便捷的枢纽型网络城市格局，进一步加强系统整合，科学布局建设城市空间的枢纽与节点、网络与连接，优化城市形态，凸显城市特征，强化城市功能；要着力建设国际航运、航空、科技创新三大战略枢纽，形成新的发展动力源和增长极。在这一战略决策中，"枢纽型网络城市"无疑是关键点和最大亮点。然而，什么是枢纽型网络城市？这是目前使用并不多见、学界尚缺乏统一认识的新概念，恐怕对于许多市民甚至一些领导干部而言就更不了解了。如果对于基本概念不了解，就可能导致这样或那样的误读和误解。这不仅会影响到人们对广州未来发展的理性共识，而且还会影响到整个战略决策的贯彻落实。而要切实解决好这一问题，除了加强宣传舆论引导之外，更重要的还在于广泛培育统一思想认识的文化基础和理解决策所必需的理论思维。

---

　　[1] 记者罗艾桦、通讯员史伟宗：《广州提出建设枢纽型网络城市》，http://society.people. com.cn/n1/2016/0804/c1008-28612363.html.

从理论上说，枢纽型网络城市是指在一定区域乃至全球的城市体系中处于网络联接中心地位、起着枢纽性互联互通作用的国际化城市。在市场经济条件下，尤其在全球化进程中，每个城市都不孤立，它要通过市场交换与其他城市发生商品、金融、技术、人才、信息等各种各样的交流、合作与互动。随着城市之间的交流、合作与互动越来越密切，城市之间就逐步形成由多个城市组成的城市圈或城市带，再不断拓展为区域之间相互联系的城市群，在全球资源配置的进程中形成参与国际合作与交流的城市网络体系。在这一过程中，一些城市由于区位优势明显又使自身地位和功能的不断提升，其参与区域合作和国际交流所发挥的作用就越来越突出，功能和影响也越来越大，逐步发展成为城市网络体系相互连接的重要节点，这些城市也就是我们今天所说的中心城市或枢纽型城市。在全球城市体系中，枢纽型网络城市一般都是处于核心地位、具有很强的支配与控制功能、在国际竞争中起着主导作用的结点城市，比如纽约、东京、伦敦、巴黎等都属于这样的城市。因此，把"建设枢纽型网络城市"作为广州城市发展的目标是具有国际视野的发展战略，也是符合城市功能提升规律的发展战略。

从广州的城市发展来看，广州自古就是国家对外开放的重要窗口，对外交流的历史源远流长。据史学家们的考证，在秦始皇统一岭南之前，广州已经同南海沿岸有了贸易往来，至汉武帝时期广州的对外交流已经非常频繁。而到了唐代是广州更是全国的外贸中心和世界上著名的商港，为了管理海外交通和对外贸易唐政府设立了"市舶使"。即使在实行全面海禁的明清时期，广州作为对外通商的唯一口岸，成为全国对外贸易和交流的特别"窗口"。鸦片战争之后广州成为被迫对外开放的通商口岸之一，沦为西方列强以不平等贸易大肆掠夺中国资源的要地，这是一段屈辱的历史。中华人民共和国成立之后，为了突破帝国主义列强的重重封锁和包围，国家决定在广州举办"广交会"，让毗邻港澳的广州承担着对外经贸往来与文化交流的特殊使命，成为中国与世界联系的桥头堡。改革开放之后，广州更是凭着先行一步的政策优势和对外开放的历史传承，以率先开展招商引资、发展对外贸易为龙头，在经济、技术、文化等方面积极拓展对外交流与合作的空间，着力构建全方位、多层次、宽领域的对外开放新格局，架起广州与世界紧密相连的一座座通衢之桥。如今改革开放走过了四十年的光辉历程，广州在经济发展实力、基础设施建设、城市管理水平、社会文明程度等方面，都具备了在更高水平上参与全球化发展的条件、底气和优势。在这样的背景下，做出"建设枢纽型网络城市"的决策显然是符合广州城市发展实际的，也是有远见的，对全面提升广州的城市功能和国际影响力具有十分重要的战略意义。

因为"构建枢纽型文化网络体系"是基于"建设枢纽型网络城市"的发展要求而提出的，"构建枢纽型文化网络体系"的目的是为"建设枢纽型网络城市"提供文化支撑、价值引领和智力支持。如果人们对什么是"枢纽型网络城市"并不清楚，那么要在"构建枢纽型文化网络体系"获得统一的思想认识并形成具有广泛认同的实践自觉，显然就是"皮之不存，毛将焉附"。因此，我们应该从城市发展的现代化、国际化、网络化的必然趋势中增强对广州"建设枢纽型网络城市"的理性认知，从广州城市发展的历史源流、现实基础和综合实力方面来坚定"建设枢纽型网络城市"的信心和希望，进而形成对推动"构建枢纽型文化网络体系"的必要性和迫切性认知，在城市发展的新要求上把文化建设提高到新的水平。

（二）文化建设滞后问题

就广州而言，改革开放以来尤其是"十二五"期间文化建设达到了一个新水平，发生了许多前所未有的历史性变化，主要表现为文化基础设施建设迈上新的台阶、文化体制改革和文化发展活力进一步增强、公共文化服务体系建设取向优质化发展、文化产业快速发展并成为国民经济的支柱性产业，等等。但是，也要看到广州的文化建设与经济社会发展的总体水平相比还存在较大的不平衡性，文化发展的滞后性比较突出。主要表现在：城市文化风格和特色不够鲜明，人们习惯于将广州看作是集市发达、生意兴隆的"不夜城"，而对其作为国家历史文化名城的知名度和认同度并不高；推动城市文化发展的总体布局还不清晰，尤其对如何推动文化建设与经济社会的融合发展缺乏全局性、框架性的思路和抓手，文化建设和发展的单一化、部门化和项目化特征明显；对公共文化事业发展的经费投入相对不足，新旧城区和城乡公共文化服务体系建设不均衡，服务能力、服务品质和服务效能差距较大；文化体制改革的力度还不够大，推动文化发展的体制机制还不够灵活，高端文化人才集聚度较低，文化发展的创新活力没有充分激发；文化市场的开发和培育还不够充分，缺乏有市场占有度和影响力的文化产品，在国内外获奖的精品力作也不多，城市文化影响力有限；在文化产业发展中带动力强的龙头企业还不多，文化创意产业"小、散、弱"的局面没有完全改变，文化发展的品牌、规模和水平都缺乏足够的竞争力；市民总体的文化素质有待提升，文化消费需求仍主要停留在大众化、普及性的层次中，有些文化娱乐甚至还存在庸俗、低俗和媚俗现象，对推动文化发展取向高品质发展缺乏主动性、积极性和创新性；等等。这些问题或"短板"得不到解决，将会影响和制约人们对广州"建设枢纽型网络城市"的文化认同和文化信心。

解决文化发展滞后于经济社会发展的问题，关键要在全社会树立城市发展要以文化论输赢的理念，高度重视文化建设和发展对城市经济社会发展的引领和驱动功能，切实把文化建设与经济建设、政治建设、社会建设、生态文明建设一起布局，使之相互协调、同步推进、整体落实。在推动文化建设和发展过程中，文化主管部门当然要负总责，也具有不可推卸的责任和担当。但是，文化建设和发展不能囿于文化部门的职能范围来讨论和布局，文化体现在经济社会发展的全过程，牵涉到社会生活的方方面面，需要党委政府各个部门共同树立推动文化协同发展的主导意识，共同参与文化建设的系统谋划，高度重视自己工作与文化发展的相关性，对涉及文化发展的各项工作能够主动担责、积极推动、狠抓落实。要在市委市政府的统一领导下，让全社会都高度重视文化的建设和发展，共同营造文化大发展大繁荣的良好氛围。通过各部门的相互配合、联合作为和社会主体的广泛参与，全面提升广州城市文化建设和发展的整体水平。在文化与经济融合发展的过程中，全社会都应积极倡导对文化和文化人才的尊重，不断强化提升文化品位的主体自觉。

在社会进步过程中，文化既传承人类文明丰富而深刻的内涵，也引导社会进步和发展的方向，还决定人们社会生活所具有的品质。如果说不同的时代都有其不同的文化内涵和文化特征，那么随着时代的进步和发展文化也必然要发生与之相应的历史性变革。只有站在文化引导未来的战略高度去认识和理解文化对经济社会发展的引领和驱动，才可能自觉把文化建设和发展与经济社会发展一起布局，并把文化建设放在优先发展的地位；同时，也只有当文化建设的价值被充分认识并摆到不可或缺的重要地位，文化与经济社会协调发展的良性互动才可能真正形成。基于这样的认知，在建设枢纽型网络城市的过程中，广州就需要通过"构建枢纽型文化网络体系"来推动文化建设的新发展，充分发挥文化对经济社会发展的引领和驱动作用，以形成文化优先发展和适度超前发展的新局面。

（三）竞争优势不足问题

"对于城市发展而言，如果说以往的文化建设起到的更多的是类似'花瓶'的作用，是体现繁荣的配角，那么未来一个阶段，文化对于城市的意义将更多体现在实际的要素推动乃至城市发展'软实力'的表现上。"[1] 按照凯恩斯的投资乘数理论，在某种边际消费倾向相对确定的条件下，新增加的投资量，如果经过一定时间之后其导致收入与就业量的数倍增加，甚至会产生数倍于投资量的 GDP，那么这样的产业就是值得投资的优势产业。那么，文化产业的投资乘数效应如何呢？新加坡国立大学商业研究中心的研究发现，文化创意产业的投资乘数达到 1.66，高于银行业（1.4）和石化工业（1.35）的投资乘数。[2] 这说明文化创意产业是当今文化产业发展的重要内容和基本趋势。文化创意产业的投资乘数如此之高，也表明这样的产业是对城市经济

---

[1] 屠启宇：《国际城市发展报告》（2012），社会科学文献出版社，2012年，第9页。

[2] Arun Mahizhnan. *The Economic Impact of Cultural & Creative Industries*, Working Paper of LKY School of Public Policy, NUS.

发展具有重要推动力的战略性新兴产业。正因为文化所具有的产业属性，文化发展能够直接带来经济效益的提升，所以，各个城市都非常注重文化产业尤其是文化创意产业的发展。

然而，文化对提升城市竞争力的功能和作用并不仅仅表现为文化产业本身所带来的经济贡献，其更重要的意义还在于文化作为"软实力"所具有的聚合力和认同度对城市参与全球竞争的影响。一个城市的文化发展（包括文化产业的发展）水平高低，直接影响其在国际交往中的地位和优势。纽约、伦敦、巴黎、东京等作为世界城市的国际影响力也并不仅仅因为其具有强大的经济竞争实力，其文化发达所形成的强大"软实力"也是不可忽视的。这里需要强调的是，目前像伦敦和东京这样的国际先进城市依然高度重视自身的文化发展。伦敦先后发布了《文化大都市——伦敦市长 2009—2012 年的文化重点》以及《文化大都市——2012 年及以后》等文化发展战略，东京制定了《东京未来 10 年》等文化发展规划。伦敦和东京这些已经处于国际城市网络体系核心地位的城市之所以还要制定自己的文化发展战略，就是担心其在激烈的城市竞争中可能丧失已有的优势。因此，在全球化背景下后发型城市要想赢得国际竞争的重要地位和发展优势，就需要在提升文化软实力上下功夫，用文化创新发展所形成的各种要素资源集聚效应来带动城市文化功能的拓展与辐射，以扩大自己的全球影响力。

如果说各个城市纷纷重视自身的文化发展，制定文化发展战略和规划，是希望在激烈的国际城市竞争中获得自己的发展优势；那么，在全面深化改革、扩大开放的过程中，广州提出"建设枢纽型网络城市"的目的在于更有效地参与国际交流与合作，融入国际化发展的城市体系，就更加需要重视和加强自身的文化建设。应该说，在国际间的城市交往中，广州一直注重提升自己的文化影响力，比如充分利用"广交会"这一参与国际经贸往来的重要平台作为提升文化影响力的重要品牌；2010 年利用举办了第十六届"亚运会"和首届"亚残运会"的机会，向亚洲人民乃至全世界展示了改革开放以来广州的经济实力、城市面貌和文化活力，让这座具有 2200 多年的历史文化名城所具有的文化魅力得到了前所未有的彰显，亚运会之后的广州经过"干净、整洁、平安、有序"的综合治理，在城市面貌得到进一步优化和美化的同时，文化建设和发展也呈现出许多新气象；利用举办"2017广州《财富》全球论坛"的机会，以"花开广州、绽放世界"为主题再次向世界展示"千年商都"的深厚底蕴、现代活力和发展潜力，引起全球媒体的广泛关注，形成"广州"被全世界刷屏的传播效应。但是，不论是从国家中心城市应当具有的文化功能来看，还是从建设枢纽型网络城市的文化要求来看，广州目前文化建设和发展的水平以及城市所内涵的文化品质都还需要大力提升。因此，要从国际视域来审视广州文化建设和发展的未来走向，通过制定包括集推动文化事业和文化产业发展规划于一体的一系列文化发展措施，来加快推进广州的文化建设和发展。当前，尤其要通过构建枢纽型文化网络体系的总体布局，着力强化参与国际竞争所需要的文化自觉，推动广州的城市文化建设和发展全面见成效、全面上水平、全面显张力。

三、枢纽型文化网络体系的构建思路

枢纽型文化网络体系是指城市文化建设和发展要在结构和功能上形成具有自组织体系的网络化系统，并达到与枢纽型网络城市相匹配的基本规模和状态。枢纽型文化网络体系作为一个整体性概念可以分为文化教育网络体系、文化传播网络体系、文化市场网络体系、文化交流网络体系、文化服务网络体系、文化设施网络体系、文化传承网络体系、文化产业发展体系，等等。在实践上，构建枢纽型文化网络体系要求把文化建设作为城市发展应当具有的功能配置来认识和布局，要全面融入经济社会发展的各个方面，以防止在文化建设上出现"单打一"或"只见树木不见森林"的片面性和简单化。就工作思路要突出的重点而言，广州要着力推进以下六大体系的构建和完善。

（一）新时代的思想教育体系

党的十九大报告明确提出："人民有信仰，国家有力量，民族有希望。要提高人民思想觉悟、道德水准、文明素养，提高全社会文明程度。"[1] 从国家层面来看，"一个国家的社会能力主要体现为该国的文化进步能力和民众的整体素质与水平，社会凝聚力的组织动员能力，以及社会制度化水平和社会秩序，而所有这些均取决于该国整体的文化创造能力，一种能够不断超越自身文化局限的能力"[2]。一个国家是如此，对于一个城市的发展而言也同样会是如此。在城市之间文化软实力的竞争中，文化资源的拥有、文化人才的比例、文化设施的齐备、文化产品的生产都是重要因素，但更重要的还在于一个城市的人文品格和精神风貌所达到的文明境界，以及由此产生的文化聚合与提升能力。换言之，"一个城市的文化形象虽然离不开其物质文化所展现的外在景观，但相对于外在形象而言其内在的文化精神则更具有决定意义。我们评价一个城市的文化形象首要的是看这个城市是否具有文明高尚、积极向上、理性平和的精神气质"[3]。为此，广州在推进枢纽型文化网络体系建设过程中，应当着力构建和完善思想道德教育网络体系。由市委宣传部门统一组织，党政机关共同参与，形成市、区、街道社区三级宣传教育协同引导体系，协同引导全社会广泛开展理想信念教育，不断深化中国特色社会主义和中国梦宣传教育，弘扬民族精神和时代精神。深入实施公民道德建设工程，重点要把社会主义核心价值观融入广州城市人文精神的培育中，融入社会发展和社会生活的各方面，使之转化为人们的情感认同和行为习惯。当前，尤其要把"诚信、友善、文明、和谐"等内容融入广州城市人文精神建设过程中，既大力弘扬广州作为"千年商都"本来就具有的诚信传统与友善之风，

---

[1] 习近平：《决胜全面建设小康社会　夺取新时代中国特色社会主义伟大胜利——在中国共产党第十九次全国代表大会上的报告》，人民出版社，2017年，第42页。

[2] 胡惠林：《当前中国文化战略发展的几个问题》，《艺术百家》，2011年第6期。

[3] 李仁武：《提升城市文化形象的对策分析——基于广州实践的若干思考》，《广州城市职业学院学报》，2014年第4期。

又充分表达出广州走向现代化、国际化发展需要培育和提升的文明素养与和谐氛围,让具有岭南文化鲜明特色的"文化广州"获得广泛的国际认同,使"建设枢纽型网络城市"的文化品格和文化功能得到充分彰显。

(二)市民文明素质提升体系

从城乡对比的角度来看,"城市是一个相对永久性的、高度组织起来的人口集中的地方,比城镇和村庄规模更大,也更重要"[1]。从社会文明进步的角度来看,"城市既是人类文明的成果和标志,又是人们日常生活的家园"[2]。对于一个城市的发展而言,不论确定什么样的发展目标都不能脱离人类文明进步的发展方向和人们日常生活水平提升的必然要求,否则发展目标就不可能得到广泛的社会认同,就会失去人们在思想上和心理上的认同,也就不可能有行动上的拥护与支持,推动其发展的内驱力就非常有限。从这一意义上说,广州"建设枢纽型网络城市"不仅需要在城市功能上体现作为国际航运、航空、科技创新三大核心枢纽应当具备的物质条件和融入国际城市体系的网络节点优势,更需要在这一过程中增强人们对"建设枢纽型网络城市"的文化认同,把"建设枢纽型网络城市"所具有的文化意义展示出来,把"建设枢纽型网络城市"的预期目标与市民对未来美好生活的热切期盼统一起来,这是把战略决策转化为实践自觉所必需的公共价值理性。为此,广州在"建设枢纽型网络城市"的实践过程中,应当着力建构和完善市民文明素质提升体系。由市委宣传部门统一组织,全市教育、文化等部门共同参与,高等院校、职业学校、电视大学、社区大学、职工大学等施教单位落实培训项目,形成全体市民可共享的常态化知识更新培训网络。当前,要着重依托全媒体开展新闻舆论引导,把建设枢纽型网络城市的目标追求与建设美好家

---

[1] 刘易斯·芒福德:《城市发展史——起源、演变和前景》,中国建筑工业出版社,2005年,第132页。

[2] 李仁武:《提升城市文化形象的对策分析——基于广州实践的若干思考》,《广州城市职业学院学报》,2014年第4期。

园的价值判断统一起来，从思想理念上增强市民热爱城市的家园意识并基于文化认同的自豪感，让每个广州人在参与现代化和国际化发展的文化交往中都体现出彰显出品行高尚的人格魅力和具有文明素养的精神风貌，洋溢出充满文化自信、文化自觉和文化自强的亲和力、感染力和凝聚力。

（三）城市文化风格传承体系

文化基础是人们从事社会活动的基本条件，也是社会行为是否具有合理性的重要依据。一般而言，文化基础好容易形成公共价值理性，因为社会成员之间可以在相互学习和交流中形成广泛认同的价值判断。如果没有任何文化基础，许多社会行为的发生都是不可想象的。在文化基础所包含的内容和要素中，文化遗产是一块极其重要的基石。不论是物质文化遗产还是非物质文化遗产，都是人类知识、智慧和能力的结晶，铭记着历史进步和发展的演进过程。文化遗产作为人类文明的文化传承，体现在城市的文明发展过程中，它是城市发展的历史见证，体现出一个城市文化底蕴的深厚和文化内涵的丰富。在城市发展过程中，文化遗产标志着城市文明演进所走过的重要历程，凝聚着人类创造历史的时代特色。作为人类的共同财富，文化遗产又是人们在社会生活中相互尊重、相互理解和相互合作的心灵纽带。对于一个历史文化名城而言，物质文化遗产和非物质文化遗产同等重要、不可或缺，透过文化遗产可以看出一个城市具有怎样的文化内涵以及在人类文明发展史上曾经有过哪些重要贡献。加强文化遗产保护，才能延续一个城市发展的历史记忆，才能保持其文化传承的根脉，为城市发展找到可以依托的文化支点。广州在"构建枢纽型文化网络体系"的具体实践中，应当着力建构和完善文化遗产保护与传承网络体系。要以文化管理部门为统领，建立由各文物保护单位牵头，形成政府、民间组织、文物爱好者、非遗传承人、社会研究团体共同参与的保护体系。要通过历史文化遗产与历史城区、文化街区融为一体进行系统性保护，不仅把广州作为"古代丝绸之路发祥地""岭南文化中心地""近现代革命策源地"和"改革开放前沿地"的文化遗产清理好、保护好，而且还要把广州城市文化所具有的丰富内涵和深厚底蕴充分挖掘出来、彰显出来，通过加强文物保护的数据平台建设和博物馆体系建设，实现文物保护部门之间的信息共享和文物保护成果的社会共享，以体现广州城市的文化风貌和独特魅力。当前，尤其把广州在历史上对外开放、交流与合作的文化记忆保护好、传承好、利用好，为"建设枢纽型网络城市"提供具有历史价值和借鉴意义的文化基础。

（四）公共文化服务共享体系

　　城市文化功能和作用的发挥是需要有文化空间和文化服务作为基本保障的。一方面，城市需要有开展文化活动的基础和条件，才能让市民广泛参与到文化活动中，获得各种文化和艺术的感染与熏陶，体验和品味缘于生活的人生意义与价值理解。另一方面，城市需要有承载文化传播与交流的各种途径和平台，才能把城市的文化个性和文化张力充分体现出来，让市民在参与城市交流与合作中获得跨文化的相互认同、相互尊重、相互促进。改革开放以来尤其是在"十二五"期间，广州的公共文化事业发展取得的成绩非常突出和显著，广州歌剧院、广州图书馆新馆等一批新建文化场馆投入使用，已成为广州文化发展的新地标。其中，广州图书馆的服务水平和服务能力在全国处于领先水平，日均接待读者量达到2万人，成为城市图书馆接待读者量的世界第一。但是，在公共文化服务体系建设中城乡差距还比较明显，尤其是新城区在文化基础设施、人员队伍、素质能力等方面相对滞后，严重制约了公共文化服务体系建设的标准化和均等化发展，公共文化服务的质量和效能与市民日益提升的对精神文化生活的需要还有较大差距。当前，发展公共文化事业的重中之重是"要以公共财政为支撑，以公益性文化单位为骨干，以全体人民为服务对象，以保障人民群众看电视、听广播、读书看报、进行公共文化鉴赏、参与公共文化活动等基本文化权益为主要内容,完善覆盖城乡、结构合理、功能健全、实用高效的公共文化服务体系"[1]。因此，广州在"构建枢纽型文化网络体系"的具体实践中，应当着力构建和完善公共文化服务网络体系。要以公共文化基础设施体系建设为基础，通过优化城市公共文化设施布局，构建以标志性文化设施为龙头、特色基层文化设施为枢纽的市、区、街（镇）、社区（村）四级公共文化设施网络体系，进一步推进公共图书馆、文化馆总分馆体系建设，统筹配置市、区、街（镇）公共文化资源，构建"标准化""均等化""优质化"的公共文化服务体系，不断优化和提升公共文化服务的质量和效能，使广州市民在"建设枢纽型网络城市"的过程中精神文化生活可以更加富足、更加充实、更加温馨。

（五）现代文化产业发展体系

发展文化产业是城市文化建设和发展的重要内容，也是提升城市文化软实力的重要抓手。文化产业的发展可以大量吸引文化发展资金、人才、技术的集中和集聚，形成文化产业与传统产业融合发展的叠加效应，推动产业结构的转型升级。《中共中央关于深化文化体制改革　推动社会主义文化大发展大繁荣若干重大问题的决定》指出："发展文化产业是社会主义市场经济条件下满足人民多样化精神文化需求的重要途径……必须坚持社会主义先进文化前进方向，坚持把社会效益放在首位、社会效益和经济效益相统一，按照全面协调可持续的要求，推动文化产业跨越式发展，使之成为新的经济增长点、经济结构战略性调整的重要支点、转变经济发展方式的重要着力点，为推动科学发展提供重要支撑。"[2]在当今城市发展的战略中，许多城市都把文化产业尤其是文化创意产业纳入战略性新兴产业的发展布局中，并做出具体规划、制定行动方案。因此，广州在"构建枢纽型文化体系"的具体实

---

[1]《中共中央关于深化文化体制改革　推动社会主义文化大发展大繁荣若干重大问题的决定》，《人民日报》，2011年10月26日。

[2]《中共中央关于深化文化体制改革　推动社会主义文化大发展大繁荣若干重大问题的决定》，《人民日报》，2011年10月26日。

践中，应当着力构建和完善文化产业发展网络体系。要围绕"建设枢纽型网络城市"的战略实施，制定并出台推动文化产业发展的具体行动计划，抓住信息技术新发展背景下创意产业正在蓬勃兴起的新机遇，在财政政策扶持、融资信贷支持、人才队伍建设、体制机制引导等方面，大力推动文化产业发展的全产业链布局，实施"文化＋"战略，促进文化与商贸、旅游、体育、会展等产业的融合发展，打造若干在国内外具有较高品牌影响力和市场占有率的文化产业集群。当前，最为重要的是进一步深化文化体制改革，推动文化市场管理的体制机制创新，进一步解放和发展文化生产力，促进文化人才的集聚和文化资源的合理利用，繁荣和壮大文化市场，引导和扩大文化消费，实施推动文化产业发展的品牌战略，不断提升广州文化产品生产的原创力，彰显广州文化产业发展的品牌效应。尤其要高度重视广州在粤剧乐曲、广东音乐、岭南书画以及"三雕一彩一绣"等方面进行创造性转化和创新性发展的独特优势，推动岭南文化精品在海外华侨华人当中的广泛传播，让广州成为中华文化走向世界的重要引领者。

（六）城市文化形象传播体系

城市文化形象是人们对城市的主观印象，是通过大众传媒、个人经历、人际传播、记忆以及环境等因素的共同作用而形成的。然而，"不论任何特定文化背景上的城市，其实质在一定程度上都代表着当地的以及更大范围内的良好生活条件的性质"[1]。事实上，每个人在城市生活的重要意义也在于"城市中可以生活得更好"[2]。从这一意义上说，"城市本身变成了改造人类的主要场所，人格在这里得以充分的发挥"，"从城市走出来的，

---

[1] 刘易斯•芒福德:《城市发展史——起源、演变和前景》，中国建筑工业出版社，2005年，第118页。

[2] 刘易斯•芒福德:《城市发展史——起源、演变和前景》，中国建筑工业出版社，2005年，第118页。

是面目一新的男男女女"[1]。在日常生活实践中,人们对一个城市的看法总是通过不断重复的传播行为对有关某个城市的一整套象征性的文化符号进行具象认知,才逐步形成并巩固对它整体形象的认知和文化意义的理解。广州建城已有2200多年,是国务院公布的第一批"历史文化名城"。从历史的视角看,广州作为岭南的政治、经济、文化中心,一直保存着岭南文化最深厚的传统、底蕴、个性与特质。不论是"南越王宫署遗址""南越王墓""五仙观",还是"三元宫""西来初地""华林寺""光孝寺""怀圣寺""先贤古墓""南海神庙",抑或是"黄埔古港""沙面""十三行""万木草堂""大元帅府""中山纪念堂""黄埔军校"等,这些无一不彰显着广州作为历史文化名城的厚重,表达着这座城市以岭南文化为核心兼容并蓄而产生的由多元文化相互激荡、相互影响、相互融合所产生的强大聚合效应。但是,与北京、上海、西安、杭州等文化都市相比,人们似乎总感觉广州"缺文化"甚至"没文化"。原因何在呢?恐怕一个重要的方面就是文化形象的传播不足,不能让人们对广州城市文化所具有的广度和深度有较为充分的认知。因此,广州在"构建枢纽型文化网络体系"的具体实践中,应当着力构建和完善城市文化的传播网络体系,要以宣传部(外宣办)为主导和统领,加强与各新闻媒体和网络机构的合作,充分利用现代传播手段、途径和方式,整合政府、企业、机关、学校、市民等多元参与的城市文化宣传队伍,形成城市文化传播的集群效应。当前,迫切要通过全市的统一规划和布局,把文化渗透到经济发展、城乡布局、公共服务、社区治理、环境美化等城市社会生活的各个领域,把广州这座城市的文化品格既通过城市建筑等各种物化形式,如广州图书馆、广州大剧院、星海音乐厅、广州塔、广州国际会展中心等文化地标展示出来,又通过举办"广州亚运会""广州《财富》全球论坛""广州马拉松"等各种有影响力的文化活动把广州人的精神面貌展示出来。要加强对"城市亮点"和"城

---

[1] 刘易斯·芒福德《城市发展史——起源、演变和前景》,中国建筑工业出版社,2005年,第117页。

市话题"的深度传播，让国内外媒体和网络传播机构有更多机会宣传和推介广州，让世界更多了解广州的同时，使广州城市文化的内涵得到不断诠释、文化形象得到不断提升。

第五章 推动公共文化服务转型升级

公共文化服务体系建设的质量和水平，不仅反映着一个国家或地区对文化建设和发展的重视程度，而且体现着其保障人民群众基本文化权利的实现程度。在城市文化建设过程中，广州对加强城乡公共文化服务体系建设高度重视，不断强化政府推动公共文化服务转型升级的主导责任，通过创新体制机制、解放文化生产力、大力发展文化产业等途径，努力提升公共文化服务水平，让文化发展成果最大程度地惠及人民群众，为建设"幸福广州"提供精神动力和文化支撑。

一、持续有效实施文化惠民工程

在改革开放过程中，广州以解决群众最关心、最直接、最现实的民生热点问题为突破口，在不断满足人民群众共同期盼"天更蓝、水更清、路更畅、房更靓、城更美"的同时，也不断满足人民群众对保障和改善文化民生提出的新的要求。为了在经济快速发展的基础上满足人民群众的精神文化需求，广州在健全和完善公共文化服务体系、提升公共文化服务的标准化和均等化等方面进行了一系列卓有成效的实践探索。回顾和总结广州在公共服务体系建设方面的经验，不难看出广州对文化建设所进行的实践探索有抓手、有力度、有创新，既注重文化建设与经济发展之间的相互协调、相互配合、相互促进，也注重在强化和提升城市文化功能的同时做好公共文化服务体系向基层延伸，让城乡居民共享公共文化服务的实惠。

（一）强化政府职能和政策引导

在公共文化服务体系建设中，中共广州市委、市政府坚持以人民为中心的城市发展理念，秉持为社会和公众服务的公共价值理性，积极履行不断提升公共文化服务能力与水平的责任和职能。2009 年出台了《广州市加快公共文化服务体系建设实施意见》，明确提出加快推进公共文化服务体系的目标，即 2009 年基本实现城乡公共文化基础设施全覆盖，建成城市"10 分钟文化圈"和农村"十里文化圈"；到 2010 年基本建成布局合理、设施先进、功能完善、覆盖城乡的公共文化服务体系，较好地保障人民群众基本文化权益，为 2020 年形成服务优质、覆盖全社会的公共文化服务体系打下坚实基础。为实现这一目标，市委市政府要求各级党委、政府要切实加强对公共文化服务体系建设的组织领导，将其纳入地区总体发展规划，纳入党委、政府工作重要议事日程，纳入目标管理责任制和干部考核体系，并根据全市公共文化服务体系总体规划制定本地区的实施计划，加大人、财、物等方面的投入，切实将公共文化服务体系建设的各项任务落到实处。

2016 年 5 月，广州市委市政府研究制定了《广州市加快构建现代公共文化服务体系的实施意见》。该意见明确强调要"牢固树立创新、协调、绿色、开放、共享的发展理念，牢固树立以人民为中心的工作导向，以改革创新为动力，以农村基层为重点，促进基本公共文化服务的标准化、均等化，保障市民基本文化权益"；提出"到 2020 年，基本建成与我市经济社会发展水平、国家中心城市地位、文化强市目标、市民文化需求相匹配的现代公共文化服务体系"；要求"确定实施公共文化服务系列标准，以标准化工程推动均等化发展，将基层、农村、边远地区作为重点，着力解决区域、城乡、人群之间公共文化资源、服务欠均衡问题，让全市人民共享文化发展成果"。

（二）推进文化基础设施建设

在文化基础设施建设上，一方面针对广州城市文化地标影响力不足的问题，先后建成广州歌剧院、广州新图书馆、广州新电视塔、南越王宫博物馆、粤剧博物馆、广州美术馆、广州博物馆新馆、广州文化馆新馆、南汉二陵博物馆、孙中山文化艺术中心、粤剧红船码头、广州海事博物馆等一大批标志性大型文化设施，使公共文化实施建设的现代化水平取得了突破性进展，也使广州的城市文化形象得到了前所未有的提升。另一方面针对广州基层文化服务设施建设不足的问题，按照坚持硬标准与因地制宜相结合的原则，大力推进基层公共文化设施建设，不断完善和优化城市公共文化基础设施布局。在图书馆、文化馆、科技馆、博物馆、"农家书屋""绿色网园"、文化中心、街镇文化站、社区和农村文化室等公共文化基础设施取得显著成效。根据《广州市加快构建现代公共文化服务体系的实施意见》提出的工作要求：到2020年，全市街镇综合文化站要全部达到省一级站及以上水平，85%的文化站达到省特级站水平；社区、村基本建成综合文化服务中心；广播电视实现户户通，应急广播实现行政村全覆盖。

目前，广州市拥有省、市、区（县）、街道（乡镇）、社区五级图书馆服务网络体系，其中独立建制的公共图书馆14个，包括省级馆1个（省立中山图书馆）[1]、市级馆2个（广州图书馆和广州市少年儿童图书馆），区级馆11个及区直属分馆6个，此外还有内设于文化站（室）的街（镇）图书馆166个、社区（行政村）图书室2642个，公共图书馆服务全面延伸至全市所有街（镇）、社区和行政村。截至2017年12月，广州市行政区域共有博物馆61座（其中国家一级馆4座、二级馆7座、三级馆2座），数量相较2005年增长近70%，三级以上博物馆数量位居全国第三，有53座博物馆免费向公众开放。广州现有文化馆（群众艺术馆）13间，其中"广州市文化馆"（群众艺术馆）等11间为一级馆文化馆（群众艺术馆），"从化文化馆"（群众艺术馆）、"增城文化馆"（群众艺术馆）为二级馆。

---

[1] 另有统计口径为省级馆2个（省立中山图书和广东省科技图书馆），广东省科技图书馆作为华南地区最大的公共性科技图书馆，兼具专业图书馆和公共图书馆双重属性。

（三）丰富公共文化服务内容

广州坚持把文化惠民作为推进城市公共文化服务体系建设的出发点和归宿，持续实施文化惠民工程，在基本建成覆盖城乡四级公共文化服务体系的基础上，不断健全公共文化服务网络，提升服务质量和水平，增强人民群众对文化民生的获得感和幸福感。2010年，全市"农家书屋"已达到1615家；全市共放映农村电影15376场次（含胶片放映场次），观众人数达200余万人次；全市已有19家博物馆和纪念馆全年免费对外开放，总参观人数突破350万人次。在"九艺节"期间，各类演出活动达200多场，市民约23万人次走进剧场，超过100万人次参加了各类演出、展览和群众文化活动。在亚运会、亚残运会期间，广州引进来自20个国家和地区的38台剧目，共演出317场，观看演出的观众多达12万多人次，其中超过10万人次属于获得惠民演出门票的观众。

近年来，广州以"羊城之夏"市民文化节为主线，持续举办"百姓舞台耀羊城""精彩大赛炫羊城""岭南文化荟羊城""时尚经典潮羊城""书画展览悦羊城"五大主题近千项文化活动，继续办好迎春花市、波罗诞、乞巧节、广府庙会、广州读书月、南国书香节等深受广大市民喜爱和追捧的文化活动，推动文化惠民工程不断深入并形成市民广泛参与的文化氛围。根据《广州市文化广电新闻出版局2017年工作总结和2018年工作计划》给出的数据：2017年，全市公共图书馆外借文献量约2653.26万册次，接待读者量2098.29万人次；全年市属各博物馆举办专题展览总数111个，全市61个博物馆观众人数超过1100多万人次，送展到社区、学校、农村170次，480多万人次免费参观博物馆；全市农村数字电影放映17304场，观影人数超过152万人次。

（四）培育公共文化服务品牌化

广州在推进公共文化服务体系建设过程中，坚持实施品牌化战略，使公共文化服务的内容和样式不断增多、服务水平不断得到提升，已形成由系列公益文化活动示范品牌所组成、具有浓郁岭南文化特色的公共文化发展优势。在实施品牌化战略过程中，广州围绕着力打造文化艺术精品品牌、着力打造群众文化活动品牌和着力打造特色文化品牌三大"着力点"来展开，借助品牌张力激发创新活力，推动公共文化服务体系建设不断迈向新水平。

其中，"羊城之夏"群众文化系列活动是广州数十年精心打造的群众文化品牌活动，曾荣获国家文化部文化创新工程项目荣誉。2017年，广州市文化广电新闻出版局整合了全市群文活动资源，突出广州地方特色，传承传统文化，带动创新全民群众文化，将活动正式升级为"羊城之夏"广州市民文化节，在品牌推广、活动策划、内容形式等方面取得突破性进展。2017年的市民文化节涵盖1000多个大小活动，线上线下参与人数高达200多万人次，是广州公共文化服务惠民的优异实践，"羊城之夏"广州市民文化节也成为了广州市群众文化活动的闪亮名片。

在文化精品创作中，广州粤剧院精心组织并推进《花笺记》的排练，创作排演《俄狄浦斯王》《半世浮华》等剧目，复排的《搜书院》参加第28届中国戏剧梅花奖，苏春梅获得本届梅花奖。人偶剧《垃圾大战》在第二届南充国际木偶艺术周获得"最佳剧目奖"，杂技《竹韵——升降软钢丝》在第十届中国杂技金菊奖全国杂技比赛上获"金菊奖"。为促进文化市场繁荣，更好地满足人民群众对美好生活的精神文化需要，广州在文化产权交易方面迈出新步伐。2017年打造了综合性文化产业交易平台——广州文交会，共推进11项子活动的举办，吸引来自100多个国家和地区的近1000家机构、1000台舞台剧目、5000多部影视作品、2万件艺术精品、1.2万部动漫图书和衍生品参展参映和交易交流，促成21项重大项目签约，成交额逾20亿元，协议和意向成交额约80亿元，取得了丰硕成果。

（五）创新公共文化服务方式

广州在公共文化服务体系建设的机制化建设过程中，逐步探索和完善了有利于不断创新公共文化服务方式、提升服务实效的体制机制。其一，是明确各级政府建设公共文化服务体系的主体责任，建立健全政府统一领导、相关部门分工负责、工青妇等群众团体积极参与的工作机制，形成了政府主导、社会力量广泛参与公共文化建设的格局。其二，是坚持公共文化服务体系建设的重心下移，推动公共文化资源向基层倾斜、向农村倾斜，努力缩小城乡公共文化建设的差距，确保公共文化服务的均等化。其三，是坚持以文化惠民为引领，不断创新公共文化服务体系建设的方式，注重提高公共文化服务的质量、水平和实效。

在组织领导方式上，积极探索加强和完善党委领导、党政齐抓共管、有关部门分工负责、社会力量积极参与的工作体制和工作格局。成立"广州市公共文化服务体系建设协调组"，研究决定公共文化服务体系建设的重大事项。该协调组在市文化体制改革专项小组的领导下开展工作，市文广新局局长为召集人，市文广新局、市委宣传部、市编办、市教育局、市体育局等19个部门为成员单位。成立这样的"协调组"对于推进重大公共文化服务法规、政策、标准的制定和实施，对于建立稳定的公共文化服务保障机制，对于推动基层公共文化资源共建共享，对于统筹实施公共文化服务重大工程，都具有十分重要的协同推动作用。

在制度落实上，积极探索将公共文化服务体系中的约束性指标纳入经济社会发展综合评价和绩效考核体系的发展模式，不断提高公共文化服务指标在区、街镇考评体系中的比重。通过政府采购、民办公助、定向委托、公开招标等多种有效方法，鼓励支持企业、社会组织积极举办公益性文化活动，鼓励、帮助和引导有条件的基层农村、农户积极投资，逐步探索形成了政府主导、多方参与的公共文化设施建设、营运和管理新格局。

二、推动公共文化服务转型升级

文化惠民作为改善民生的重要组成部分，是幸福指数高低的重要衡量尺度。文化民生问题的解决是满足人民群众日益增长的物质文化需要的重要内容，也是提升人民群众幸福感的重要方面。推动城市文化建设必须加快构建起覆盖城乡的公共文化服务体系，大力发展文化产业，让文化发展成果最大程度地惠及人民群众。通过推动公共文化服务转型升级不断满足人民群众日益增长的、对美好生活的文化需要，为加快构建共建共治共享的社会治理新格局提供基于文化共识的人文关怀，是推动现代城市发展的重要战略选择。

（一）培育共建共治共享的文化理性

文化是提高城乡居民幸福指数的重要手段，是民生福祉的具体体现。一个城市是不是人们安居乐业的幸福家园？除了要看它是否能够为居民提供经济发展、物质丰富、环境优美、生活便利等基础条件之外，还要看它是否具有文化的凝聚力和感召力，是否让人生活其中可以体会到精神愉悦和满足。因为一个人是否真正感受到自己是幸福的，除了衣食无忧、居有其所之外，更重要的还在于精神追求和文化享受是能够得到满足。把一个城市建设成为幸福家园，就要牢固树立并践行以人民为中心的发展理念，把文化建设纳入经济建设、政治建设、社会建设和生态文明建设的全过程，大力发展公共文化事业，防止出现城市经济快速增长而文化建设和发展却严重滞后的"负相关"效应，以及居民的财富增长指数与幸福增长指数出现严重失衡的"负相关"效应。

法国著名作家维克多·雨果曾经说过，人有了物质才能生存，但有了理想才谈得上生活。从这一意义上说，只有充分享受到城市文化建设和发展成果，才能让市民活得更有自尊、有发自内心的幸福感。如何才能把城市建设成为有温度、有活力、有品位的幸福家园？这里涉及的因素固然很多，从文化视域来看无疑需要在提升公共文化服务上下功夫。不仅要求政府提供公共文化服务的能力和水平不断增强，而且要求政府所提供的公共文化服务能够体现社会公平，以确保每个社会成员的公民权利得到均等化的满足。所以，要为构建共建共治共享社会治理新格局的文化理性来认识完善公共文化服务体系建设、推动公共文化服务转型升级的重要性和紧迫性。

（二）培育共享文化生活的精神境界

过上幸福美满的生活一直是人类孜孜以求的奋斗目标，也是人类在日常生活中实现精神诉求的生命体验。在亚里士多德看来，幸福是"人的目的"，更是一种"合德性的实现活动"[1]。他认为："只一味沉溺于肉体快乐，我们就不应当把这种快乐看作是最值得欲求的"，因为"幸福不在于消遣"[2]。尽管物质财富的拥有对于实现人的幸福具有某种基础性的意义，但是对于人的幸福感的最终获得它毕竟不是决定性的，更不是唯一的。建设共建共治共享的幸福家园，是在改革开放以来广州经济保持持续快速发展、经济总量超过万亿元、人均GDP超过1万美元、人民群众物质生活水平显著改善的基础上，人们对美好生活的共同向往。按照马斯洛的需要层次理论，我们对幸福理解和追求也不能停留在某个单一的层面，尤其不能停留在低层次的"物欲"层面。在经济快速发展之后，人们的基本物质生活条件会得到明显的改善，人民群众对幸福生活的共同憧憬和期待就越来越转向对文化精神生活的品质追求。

经过改革开放四十年的持续快速发展之后，随着广州经济实力的显著提升和居民物质生活水平的显著提高，人们对自己的文化生活诉求会产生许多前所未有的认知、感悟和冲动，并逐步转化为推动文化消费的强烈愿望。根据《2018年中国广州文化发展报告》发布的数据：2016年，广州人均观影次数达3.64次，已达发达国家水平；2017年，北京、上海、深圳的城镇居民人均文化消费分别为4055元、4534元与3092元，分别占人均消费性支出的10.5%、11.3%和8.4%；广州的同期数据分别为5040元、13.1%，在文化消费金额与占总消费性支出的比例上均超过北、上、深，在全国一线城市中位居前列。为了适应市民文化需求发展的新变化和新趋势，广州就应当高度重视文化事业的发展，各级政府要通过进一步做好对文化基础设施与公共文化服务网络的统一规划、布局和建设，来满足市民对公共文化服务取向标准化、

---

[1] 亚里士多德：《尼各马可伦理学》，廖申白译注，商务印书馆，2003年，第302页。

[2] 亚里士多德：《尼各马可伦理学》，廖申白译注，商务印书馆，2003年，第304页。

均等化的发展要求。同时，要通过推动公共文化事业发展的转型升级来提高公共文化服务的能力与水平，进一步落实文化惠民政策，改善文化民生，不断提高市民参与文化活动、体验文化生活的素养、能力和境界，以便让市民在享受物质生活水平提升的同时能够感受精神文化生活水平提升所带来的获得感和幸福感。

（三）增强推动文化发展的主体责任

对于人在社会历史中的主体性地位和主体价值，马克思曾明确指出，整个历史也无非是人类本性的不断改变而已。在社会进步和发展过程中，人的主体价值既需要通过现实的制度安排对人权予以充分的尊重、维护和保障，让人不断改善生存境遇以获得增进自由而全面发展的条件；同时，也需要人对自己作为社会生活主体能够形成自觉的主体性认识和把握，对自身所处的生存发展境遇有一种理性的价值判断。如果在现实面前人们对自己的主体性认知是缺失的，他很难对自己所处社会环境的好坏优劣做出正确评判，那么其主体价值就很难被认可了；而当一个人对自己的主体价值都不能获得正确认知，那么其在现实生活中的幸福感也就很难获得真正意义上的提升。

增强城市文化建设的主体自觉对于推动城市文化建设和发展，尤其在推动转型升级中提升文化发展的质量和水平更是至关重要。因为要把城市建设成为人人共享文化发展成果的幸福家园，是一项社会系统工程。不仅需要各级党委和政府对健全和完善公共文化服务体系的高度重视和积极引导，更需要全体市民对城市文化建设的广泛认同和积极参与。推动城市文化建设的行为不能简单理解为政府投入的公共行为，它其实更是需要每个人积极参与的公众行为。如果说在公共文化基础设施的规划和建设上，政府是责任主体和行为主导，要强化使命与担当；那么，在城市文化建设的内容和活动中，市民都是参与者，就要充分发挥其作为文化主体的积极作用。众所周知，文化诉求和文化权益的保障都是通过文化活动的具体参与来获得满足的，往往不能通过外部的给予来实现。文化的特性决定一个人能否获得文化权益的分享主要看他自己有没有参与文化分享的自觉。如果没有文化参与的意愿并对文化抱有怀疑和拒斥的态度，那么就意味着他对自己文化权益的放弃。所以，加强城市文化建设要着力培育人们分享文化生活的价值共识和意义共识，把建设共享文化家园的价值追求与加强公共文化服务体系建设的自觉行动统一起来，把提升全体市民的思想文化素养与提升共同理解幸福家园意蕴的文化品位统一起来，从而增强全社会人人都参与城市文化建设的积极性、主动性和创造性。

（四）提升文化服务水平的思想共识

建设文化共享的幸福家园不是不要发展，更不是否定发展，而是把人民群众对过上幸福美好生活的期盼作为推动城市文化建设的奋斗目标。这其中包含着对提升城市文化高质量发展和城市公共文化服务水平提出的总体要求。当然，推动城市文化建设和发展、建设共享发展的幸福家园是贯彻落实新发展理念的重要举措，也是坚持以人民为中心的发展、推动经济社会发展转型升级的必然选择。从推动高质量发展的要求来看，建设共享发展的幸福家园需要顺应人民群众共同过上更好生活的新期待，既要加快转变经济发展方式，又要推进供给侧结构性改革。

就当今我国发展所处的新历史方位而言，中国特色社会主义进入新时代是现实基本国情和推动新发展必须把握的时代特征。推动加快转变经济发展方式又是我国经济社会领域的一场深刻变革，能否顺利实现这样的变革，关键要看人民群众在今天是以怎样的思想理念和社会心态面对新的改革或者说面对这场新的革命的。而要充分调动人民群众参与新时代的城市文化建设的积极性、主动性和创造性，就需要坚持"以文化人"，强化正确的思想理论武装，解决好坚定文化自信的思想理念和社会心态问题。对于一个城市的文化建设和发展来说，就需要不断加强公共文化服务体系建设，坚持把提高文化软实力作为加快转变经济发展方式的深层支撑，通过对全社会的思想文化润泽来夯实加快转变经济发展方式的思想基础。

三、完善公共文化服务体系建设

加强城市文化建设，不断满足市民对文化生活质量和水平日益提升的需要，就必须着眼于推进"结构合理、发展平衡、网络健全、产品丰富、运营高效、服务优质、覆盖全社会"的公共文化服务体系建设，充分彰显公共文化服务的公益性、基本性、均等性和便利性，让城市居民共同享有品质化的文化生活。就广州而言，进一步健全和完善公共文化服务体系需要积极探索一条既符合公共文化服务的一般规律又具有鲜明广州特色的发展路子。

（一）以市民文化需求为导向

第一，要坚持以人民为中心的文化发展理念，以满足市民群众文化需求为导向，着眼于提高人的思想道德素质和科学文化水平。坚持以人民为中心的文化发展理念，关键是把文化建设和发展的目标与人类追求的方向相一致、与实现人的自身全面而自由发展的现实需要相一致、与提升人的文化生活品质和对美好生活的向往相一致。就城市文化建设而言，最重要的就是要把全面提高人的思想道德素质和科学文化水平作为公共文化服务体系建设的首要任务来抓紧、抓好，让市民可以在更高层次和水平上分享文化发展成果，融入城市文化建设过程中。

第二，要坚持全面发展的理念，把公共文化服务体系建设作为一项整体性的社会系统工程来谋划、布局和全面推进。当前需要从公共文化服务体系建设的整体性上下功夫，注重发挥其系统功能。一方面，要把文化建设尤其是公共文化服务体系建设作为现代化建设总体布局的重要组成部分，摆到更加突出的位置，把它抓紧、抓好；另一方面，要以公益性文化事业的改革和发展为重点，把思想道德建设、文化氛围建设、文化设施建设、文化形态建设、文化产业建设融为一体，使公共文化体系建设形成合力。

第三，要坚持协调发展的理念，把公共文化服务体系建设作为推动经济社会又好又快发展的重要内容和抓手来落实。要从文化与经济社会协调发展的角度，以文化引导创新发展的社会共识，推动抓文化建设与抓经济建设、政治建设、社会建设与生态文明建设之间形成良性互动的协同发展效应。要牢固树立"文化建设是一盘棋"的工作理念，切实加强和完善党委领导、党政齐抓共管、有关部门分工负责、社会力量积极参与的工作体制和工作格局，加强地区间、部门间、行业间的协同联动；要创新公共文化管理机制，按照政企分开、政事分开的原则，推动政府职能由办文化转变为管文化；要编制各级政府文化管理目录和权力清单，减少和下放行政审批事项，优化传统管理职能；要加快推进文化事业单位法人治理结构的改革，推动市、区两级公共文化服务单位2020年前基本完成理事会组建工作；要全面推进文化事业单位人事、收入分配、社会保障等制度改革，明确职能定位，加强绩效考评。总之，要让公共文化服务体系建设和完善作为满足人民群众对美好生活的期盼来落实工作职责、凝聚发展合力。

（二）纳入依法依规发展轨道

第一，按照相关法规确保公共文化服务设施的建设用地。切实按照国务院《公共文化体育设施条例》和原文化部、国土资源部、建设部编制的《公共图书馆建设用地指标》《公共图书馆建设标准》《文化馆建设用地指标》《文化馆建设标准》《乡镇综合文化站建设标准》《城市社区体育设施建设用地指标》等政策法规的有关规定，无偿划拨公共图书馆、文化馆（站）、博物馆等公益性文化设施建设用地，使城乡公共文化设施建设门类齐全、布局合理、服务便捷。

第二，要完善的文化法律法规体系，通过法治化手段来促进公共文化服务治理体系和治理能力的现代化。要加快制定《广州市博物馆条例》《广州市非物质文化遗产保护办法》《广州市公共的图书馆第三方考评标准及办法》《广州市公共图书馆服务规范》《广州市公共图书馆文献信息资源剔除规定》《广州市向社会力量购买公共文化服务具体办法》《广州市文艺创作奖励扶持办法》等一系列规范性文件，逐步建立完善公共文化服务、文化遗产保护、文化市场监管、社会资本文化捐赠与投资的法规体系。尤其要以农村和基层为重点，制定统筹城乡文化发展的相关规划、政策和措施。要制订《广州市公共服务体系建设规划》，出台《广州市基层公共文化设施管理办法》，进一步完善相关配套政策。

第三，将基本公共文化服务均等化纳入国民经济和社会发展总体规划，根据各区域常住人口变化，统筹设施布局，加强升级改造，均衡资源配置。落实《广州市居住区配套公共服务设施管理暂行规定》，明确由区文化主管部门接收使用基层公共文化设施。将文体广场、城市绿地建设纳入城乡规划，建设一批功能齐全的文体小广场，打造高质量的群众文化空间。大力扶持文化事业发展，完善文化市场准入、财政支持、税收优惠、投融资和人才建设等方面的政策措施，鼓励个人、企业、社会团体进入国家政策未禁止的文化领域。

（三）确保公共文化经费投入

要强化政府在公共文化服务中的主导地位，加大财政投入力度，切实保障公共文化服务体系良性运转。

第一，坚持把公共财政投入作为公共文化服务体系建设投入的主渠道，并探索通过法制规范形成一种长效投入机制。进一步强化政府作为公共文化服务体系建设的主体责任，继续加大财政对公益性文化事业的投入力度，要检查、督促和落实各级财政对文化建设的投入增幅不低于同级财政经常性收入增幅的要求。要确保各级文化事业经费不低于当地财政总支出的1%，并将图书馆、群众艺术馆、博物馆、文化馆、文化站等各项经费纳入年度部门预算，为公益性文化事业提供必要的经费保障。

第二，合理划分市、区、街镇各级政府基本公共文化服务的支出责任，切实加大对农村地区、边远地区的财政转移支付、对口扶持力度。制定并落实从城市住房开发投资中提取1%用于社区公共文化设施建设的实施办法，确保提取资金和设施建设的具体落实。将新建社区的公共文化设施建设纳入规划，对规划不落实或落实不到位的要进行责任追究，避免公共文化设施建设被忽略或者被挪作他用。

第三，进一步完善鼓励社会资本投资、捐助、捐赠公益文化事业的各项优惠政策。充分发挥"广州市促进文化艺术发展繁荣基金会"的作用，引导、鼓励社会资金进入公共文化领域，形成政府资金、企业投入、民间捐助等相结合的多元化投入机制，多渠道筹措公共文化服务体系建设资金。

第四，要积极探索多元投入机制，鼓励社会组织、机构和个人捐资捐赠公共文化设施与服务。积极探索公益性文化发展上市融资的新路径。公益性的文化大发展大繁荣，真正的大发展大繁荣，最终还是要靠上市，靠资本运作，才能做大做强。要通过深化文化体制改革，将经营性文化资产的剥离、股份制改造"盘活存量、提高增量"，"把死钱变成活钱"。

（四）增强市场化的服务供给

第一，大力繁荣文化市场、营造文化发展活力。要把加快发展文化事业与加快发展文化产业有机结合，促进两者相得益彰。广州要在大力推进公共文化服务体系建设的同时，大力推动文化市场和文化产业的繁荣和发展。

第二，加强文化产品生产的平台和智库建设。要抓好广州地区人文学术交流和岭南文化创作交流、表演观赏、研究培训、推介传播等平台体系建设，形成完整的文化产品创作生产、流通交易、消费服务链条，催生具有广州风格的学术思想、文化大师和经典作品。

第三，发展新兴文化业态、培育多元文化生态。当前尤其要通过鼓励文化创新和文化创造来引导广州流行文化的健康发展，大力引进和扶持新兴文化业态，支持各种既充满活力、通俗易懂又有生活情趣、群众喜爱的大众文化产品的创作和生产。

（五）激发创新发展机制活力

第一，善于把握新媒体新科技发展趋势，不断拓展公共文化服务体系建设的新空间。要利用网络、声讯、通讯等现代信息技术，建立公共文化服务平台和公共文化服务技术支撑系统，实现文化信息资源共建共享。

第二，在强化政府文化责任的同时，重视发挥社会文化资源的积极作用。探索建立社会参与、机制灵活的公共文化服务供给模式，形成管好、用好、维护好公共文化阵地的有效运行机制，提高政府公共文化服务的能力与水平。

第三，建立健全推动公共文化服务体系建设的绩效评估机制。构建公共文化服务均等化的评估指标体系，分阶段对公共文化服务均等化的实现程度进行具体测量和量化评估，在确保公益性、基本性、均等性、便利性的前提下，推动公共文化服务不断朝优质化的方向提升。

（六）壮大文化服务人才队伍

第一，加强对文化人才工作的组织领导。由组织部门和宣传部门牵头成立专门的文化人才管理机构，建立文化人才的认定、考评机制。制订培养、选拔、使用和管理文化人才的政策措施，制定扶持、支持和包容文化人才的各项政策。搭建文化才子活动的平台和舞台。大力宣传和包装文化俊杰，塑造本土文化名人和文化大师。

第二，加大文化人才引进力度。发挥中国留学人员广州科技交流会以及南方人才市场等人才资源配置平台作用，鼓励用人单位通过市场手段，以项目为载体，采取团队集体引进、核心人才带动引进、项目开发引进等多种方式，吸引更多高层次文化人才参与广州文化建设，使广州成为国内外高端文化人才汇聚地，构筑人才聚集洼地。

第三，建立和完善人才激励机制。加大对文化名家、民间文化传人、非物质文化遗产代表人物和各专业领域的领军人物的文化创作的资金扶持，对各层次文化人才参与各种公益性科普文化宣传、"文化艺术上山下乡"、乡村"文化大篷车"巡演等活动实行政府奖励，加大对重大文化创新研究项目的政府扶持力度，重奖文化精品和文化精英，为广州公共文化服务体系建设提供丰厚的智力支持。

第四，加强基层公共文化服务人员队伍建设。公共文化服务的重点在基层，要确保编制和人员到位，保障基层文化站、广播电视站以及"农家（社区）书屋""绿色网园"等文化服务工作的常态化开展；进一步健全公共文化服务从业人员上岗培训制度，加强规范化管理，完善基层文化干部的职称评定、专业技术人员资格评定和聘用机制；进一步落实《广州市社区文化辅导员工作管理办法》，培育和发展群众业余文体团队，形成一支扎根基层、服务群众的专兼职公共文化服务队伍。

第六章　推动现代文化产业融合发展

随着知识经济时代的来临，文化创意和设计服务已渗透到经济社会发展的各个领域和各个行业，文化艺术对经济发展的支持与推动作用越来越明显，推崇创新、推崇创造的现代风文化产业越来越成为引领发展的新兴产业。世界各国都在制定文化产业发展战略与规划，千方百计地培育自己的文化产业发展优势。在这样的背景下，研究和探索推动文化产业融合发展的具体路径，切实找到产业融合发展的切入点，通过政策支持和引导为文化产业发展注入新的动力与活力，是推动城市文化建设和发展的必然选择。

一、文化产业的兴起及其重要影响

文化产业是以推动文化艺术发展、满足人们精神文化需求为内容的产业。当今文化产业的发展已经走过起步发展、成熟发展之后，逐步走向繁荣发展阶段，越来越受到世界各国的高度重视。文化产业作为战略性新兴产业，既是全面深化改革背景下推动经济发展转型升级、形成新的经济增长点的重要产业，也是推动社会主义文化繁荣发展发展、建设社会主义文化强国的重要途径和抓手。

（一）文化产业概念的提出及所指

"文化产业"作为学术概念，是 20 世纪 40 年代法兰克福学派首先提出的。它是指以工业化的方式生产出文化产品或符号以满足大众的精神文化需求所形成的产业。所以，当时"文化产业"也被称为"文化工业"（Culture

Industry）。学术界比较一致地认为，"文化产业"（Culture Industry）这一概念，是 1944 年法兰克福学派代表人物霍克海默和阿多诺在其共著的《文化产业：欺骗公共的启蒙精神》中首次提出的。当时霍克海默和阿多诺并没有给文化产业下一个明确的定义，他们只是用"文化产业"这一概念来批判资本主义社会里凭借先进的技术手段大规模复制、传播和消费文化产品的现象。在他们看来"文化产业"作为带有欺骗性的负面概念是要批判和否定的，并不值得提倡。后来，随着"文化产业"的经济效能不断扩大，它的意识形态功能逐步被淡化，其作为特指经济领域以满足人们文化消费需求为发展方向的新产业概念就被广泛接受和认可了。如今，"文化产业"概念已广泛运用于各国文化产业的管理实践和理论研究中。

在英国，文化产业作为一个基于文化创意的市场化推广而产生的新兴产业，被称为创意产业（Creative Indus-tries）。1998 年，在经历传统制造业的持续衰退之后，当时英国的布莱尔政府成立了创意产业特别工作组，负责规划和指导英国创意产业的发展。该小组给文化产业下了一个比较有代表性的定义，即文化产业是指源自于个人创意、技能及才华，通过知识产权的开发和运用创造财富和就业潜力的行业。美国学者斯科特认为，文化产业是指基于娱乐、教育和信息等目的的服务产出和基于消费者特殊嗜好、自我肯定和社会展示等目的的人造产品的集合。联合国教科文组织在《文化、贸易和全球化》中指出，文化产业这个概念是指那些以文化产品创作、生产、销售为内容的产业。这些"内容"一般受到知识产权保护，并以产品或服务的形式出现，包括生产、储存以及分配文化产品和服务的一系列文化活动。

我国的文化产业发展起步较晚，但对文化产业的认识也在实践中逐步形成了自己的理解和有关产业发展的统计口径。2004 年 5 月，国家统计局制定了《文化及相关产业的分类》，该文件把文化产业定义为"为社会公众提供文化、娱乐产品和服务的活动，以及与这些活动有关联的活动的集合"。2009 年，国务院颁布的《文化产业振兴规划》指出："文化产业是市场经济条件下繁荣发展社会主义文化的重要载体，是满足人民群众多样化、多层次、多方面精神文化需求的重要途径，也是推动经济结构调整、转变经济发展方式的重要着力点。"[1] 在国家统计局《文化及其相关产业分类（2012）》中，文化产业 "指为社会公众提供文化产品和文化相关产品的生产活动的集合"，并在适用范围的表述上对文化产品的生产活动（从内涵）和文化相关产品的生产活动（从外延）分别做出了具体解释。可以说，近年来我们对文化产业概念的认识已经越来越清晰，而且越来越明确要将文化产业培育成为国民经济支柱性产业。

（二）文化产业的兴起与发展历程

文化作为 "人化" 的结果，是人类创造的精神财富。文化产品的生产作为智力能力和水平的创造性外化，是社会生产的重要组成部分。它伴随着人类体力劳动和脑力劳动的分工而出现，已经有着十分悠久的历史。但是，文化产业的兴起又是在商品生产的条件下才出现的，尤其是在资本主义生产方式中成为通过市场化有提供文化产品和文化服务的文化产业。而现代文化产业的兴起，就更加是 20 世纪以来逐步被认知和追捧的新兴产业。从文化产业产生和发展的历程来看，大致可以分为起步起步、成熟发展和繁荣发展三个主要阶段。

第一阶段是起步发展阶段。处于 20 世纪 30—40 年代，主要以电影工业的诞生和发展为标志。在这一阶段，文化产业的研究开始兴起，学者开始关注和研究文化和艺术从满足精英需求到满足大众化需求的问题，掀起了一股关于大众文化研究的热潮，最具有代表性的是德国的法兰克福学派和英国的文化研究学派，尤其是法兰克福学派学者阿多诺正式提出 "文化工业" 的概念。这一个阶段构建了文化产业的基本框架和结构： "形成了分工明确、具有完整产业链的从事文化产品生产行业，如报业集团、电影业、广播业等。"[2]

---

[1] 国务院：《文化产业振兴规划》，http://www.china.com.cn/policy/txt/2009-09/27/.

[2] 李冬、娄成武：《解析文化产业的形成与发展》，《东北大学学报》（社会科学版），2006 年第 1 期。

　　第二阶段是成熟发展阶段。主要是 20 世纪 50—60 年代之后，随着第二次世界大战的结束，资本主义国家在经济上逐渐恢复，在物质生活上逐步富有之后，人们越来越注重精神上的享受和娱乐，使文化消费市场应运而生，电影、流行音乐、交际舞、时装表演、工艺美术等文化现象相继出现。"人数不断扩大的中产阶级在衣食无忧之后文化消费需求不断增长，促使大众文化生产规模不断扩大"[1]，从而推动了文化产业的不断发展。这一阶段的主要标志是：关于文化产业发展的理论研究日益成熟；世界各国对文化产业的关注越来越强；西方各发达国家开始制定了一系列保障和扶持文化产业发展的法律法规；文化产业管理体制、产业规范也在实践中得到逐步完善。

　　第三阶段繁荣发展阶段，主要是从 20 世纪 90 年代开始一直到今天。在经历了起步发展和成熟发展之后，文化产业发展进入了全面繁荣的新时期。这一阶段的鲜明特点是：世界各文化产业强国在文化产业发展的过程中不断地完善和修订其政策措施；文化产业发展呈现出行业协会加强、分工更为精细、管理模式不断优化、规模化集团化程度更高等新态势；而且，当今文化发展与经济发展、科技发展相融合的趋势越来越明显，正在形成"文化＋科技""文化＋创意""文化＋设计""文化＋旅游""文化＋金融"等文化产业繁荣发展的新局面。

（三）当今中国文化产业发展状况

　　进入新世纪以来，文化产业在我国被当作战略性新兴产业逐步纳入国家发展战略和发展规划，如何推动其发展越来越受到从中央到地方的重视。2000 年 10 月，中共中央十五届五中全会通过的《中共中央关于"十五"规划的建议》，首次提出了"推动文化产业发展"的重大战略；2006 年出台了《国家"十一五"时期文化发展规划纲要》，是我国第一个文化发展的专项

---

[1] 李冬、娄成武：《解析文化产业的形成与发展》，《东北大学学报》（社会科学版），2006 年第 1 期。

性规划；2009 年 7 月，国务院常务会议审议通过《文化产业振兴规划》，标志着文化产业上升为国家的战略性产业；2010 年 10 月，十七届五中全会召开，在中央"十二五规划建议"中，将发展文化产业的目标定位为"推动文化产业成为国民经济的支柱性产业"，文化产业正式位列国家战略性支柱产业之中。2012 年 2 月，文化部发布《文化部"十二五"时期文化产业倍增计划》，提出"十二五"时期文化部门管理的文化产业增加值至少翻一番的目标并努力推动文化产业成为国民经济支柱性产业。

党的十八大以来，推动文化产业快速健康发展作为"建设社会主义文化强国"的重要途径和抓手，进一步受到重视和加强。党的十八大报告指出："要坚持把社会效益放在首位、社会效益和经济效益相统一，推动文化事业全面繁荣、文化产业快速发展"，"促进文化和科技融合，发展新型文化业态，提高文化产业规模化、集约化、专业化水平"[1]。党的十八届三中全会通过的《中共中央关于全面深化改革若干重大问题的决定》提出：要"建立健全现代文化市场体系。完善文化市场准入和退出机制，鼓励各类市场主体公平竞争、优胜劣汰，促进文化资源在全国范围内流动。继续推进国有经营性文化单位转企改制，加快公司制、股份制改造。对按规定转制的重要国有传媒企业探索实行特殊管理股制度。推动文化企业跨地区、跨行业、跨所有制兼并重组，提高文化产业规模化、集约化、专业化水平"[2]。党的十八届五中全会在《中共中央关于制定国民经济和社会发展第十三个五年规划的建议》中提出："完善文化产业体系"，"推动文化产业结构优化升级，发展骨干文化企业和创意文化产业，培育新型文化业态，扩大和引导文化消费"[3]。党的十九大报告提出："健全现代文化产业体系和市场体系，创新生产经营

---

[1] 胡锦涛：《坚定不移沿着中国特色社会主义道路前进　为全面建成小康社会而奋斗——在中国共产党第十八次全国代表大会上的报告》，《人民日报》，2012 年 11 月 18 日。

[2]《中共中央关于全面深化改革若干重大问题的决定》，《人民日报》，2013 年 11 月 16 日。

[3]《中共中央关于制定国民经济和社会发展第十三个五年规划的建议》，《人民日报》，2015 年 11 月 4 日。

机制，完善文化经济政策，培育新型文化业态。"[1] 这些重要决策，对新时代促进文化产业的繁荣发展起到了十分重要的推动作用。

国家统计局公布的数据显示：2018 年据对全国规模以上文化及相关产业 6.0 万家企业调查，上述企业实现营业收入 89257 亿元，比上年增长 8.2%。从产业类型看，文化制造业营业收入 38074 亿元，比上年增长 4.0%；文化批发和零售业 16728 亿元，增长 4.5%；文化服务业 34454 亿元，增长 15.4%。从行业类别看，文化及相关产业 9 个行业中，有 7 个行业的营业收入实现增长，其中新闻信息服务营业收入 8099 亿元，比上年增长 24.0%；创意设计服务 11069 亿元，增长 16.5%；文化传播渠道 10193 亿元，增长 12.0%。从区域看，东部地区规模以上文化及相关产业企业实现营业收入 68688 亿元，占全国 77.0%；中部、西部和东北地区分别为 12008 亿元、7618 亿元和 943 亿元，占全国比重分别为 13.4%、8.5% 和 1.1%。[2] 这些数据表明，当今中国文化产业的发展也进入了快速成长和繁荣发展的新时期。

二、现代文化产业融合发展新趋势

在城市文化建设和发展过程中，需要高度重视对现代文化产业发展的认识，把握现代文化产业走向融合发展的重要趋势，把推动文化事业发展和推动文化产业的协同发展作为责任和使命。要把推动现代文化产业的发展贯彻落实到坚定文化自信、推动社会主义文化繁荣发展、提升文化软实力的工作布局中，充分利用现代文化产业发展带来的文化创新和创造繁荣，不断为人民日益增长的美好生活需要提供丰富的精神食粮，不断满足人民对过上美好生活的新期待。

---

[1] 习近平：《决胜全面建成小康社会　夺取新时代中国特色社会主义伟大胜利——在中国共产党第十九次全国代表大会上的报告》，人民出版社，2017 年，第 44 页。

[2] 国家统计局：《2018 年全国规模以上文化及相关产业企业营业收入增长 8.2%》，http://www.stats.gov.cn/tjsj/zxfb/201901/t20190131_1647735.html.

（一）文化产业体系的基本构成

在经济学看来，现代产业体系是指现代元素比较显著的产业构成，涉及产业结构、产业组织、产业布局、产业技术、产业链条等产业经济学的主要领域。构建现代产业体系是转变经济发展方式、优化经济结构、转换增长动力的必然要求。现代文化产业体系是现代文化产品生产、流通、消费所涉及的要素、结构、领域等基本构成，它是一个国家、一个地区、一个城市文化产业发展水平的具体体现。构建现代文化产业体系，"一方面要按照文化产业的发展规律，掌控驱动产业发展的核心要素，占领产业价值高端，确立产业市场竞争优势，另一方面要立足全球化信息化的新技术背景，以新理念构建要素体系，以新模式构建价值体系，以新业态构建市场体系，形成具有自组织机制和创新能力的全景式动态型产业体系"[1]。

根据国家统计局《文化及相关产业分类 2012》的分类规定，文化及相关产业是指"为社会公众提供文化产品和文化相关产品的生产活动的集合"。产业范围包括：（1）以文化为核心内容，为直接满足人们的精神需要而进行的创作、制造、传播、展示等文化产品（包括货物和服务）的生产活动；（2）为实现文化产品生产所必需的辅助生产活动；（3）作为文化产品实物载体或制作（使用、传播、展示）工具的文化用品的生产活动（包括制造和销售）；（4）为实现文化产品生产所需专用设备的生产活动（包括制造和销售）。该分类借鉴了联合国教科文组织的《文化统计框架—2009》的分类方法，在定义和覆盖范围上也与其相衔接。[2]

新修订的《文化及相关产业分类（2018）》是在《文化及相关产业分类（2012）》的基础上，依据新的《国民经济行业分类》（GB/T 4754—2017）修订形成的，并兼顾文化管理需要和可操作性，与联合国教科文组

---

[1] 王慧敏：《现代文化产业体系的构建——基于历史文化资源的创意转化》，《社会科学》，2013 年第 11 期。

[2] 国家统计局：《文化及相关产业分类 2012》，http://artbank.people.com.cn/n/2012/0802/c209282-18658603-1.html.

织《文化统计框架—2009》相衔接。在修订中，原有的定义、分类原则保持不变，新增加了符合文化及相关产业定义的活动小类，重点是调整了分类类别结构。产业范围包括：（1）以文化为核心内容，为直接满足人们的精神需要而进行的创作、制造、传播、展示等文化产品（包括货物和服务）的生产活动。具体包括新闻信息服务、内容创作生产、创意设计服务、文化传播渠道、文化投资运营和文化娱乐休闲服务等活动。（2）为实现文化产品的生产活动所需的文化辅助生产和中介服务、文化装备生产和文化消费终端生产（包括制造和销售）等活动。[1] 从《文化及相关产业分类（2018）》的具体分类中，我们可以比较清楚地看到文化核心领域和文化相关领域的产业构成。

在文化产业体系中，最为重要的领域或其核心产业是从事以文化为核心内容进行文化产品的创作、制造和经营。这是衡量文化产业发展能力和水平高低的关键。因为"文化产业是一种特殊的社会产业，其特殊性主要表现在它是以'原创性'的精神活动为内涵，以文化产品的生产、营销及服务为特征的社会行业"[2]。而要体现文化产品的"原创性"就要以文化创意作为核心要素来推动文化产业的发展。在这一意义上，文化产业又被称为"文化创意产业"，许多国家和地区甚至就从着力发展"文化创意产业"来制定文化产业发展规划，把视觉艺术产业、表演艺术产业、文化展演设施产业、工艺产业、电影产业、广播电视产业、出版行业、广告产业、设计产业、数字休闲娱乐产业、设计品牌时尚产业、创意生活产业、建筑设计产业等作为重中之重，进而把"文化＋创意""文化＋科技""文化＋金融"等纳入其中。所以，现代文化产业是"一种典型的'智慧经济'、'大脑经济'，是以文化创意、知识产权和高科技为核心内容的新兴产业，是世界公认的知识密集

---

[1] 国家统计局：《关于印发〈文化及相关产业分类（2018）〉的通知》，http://www.stats.gov.cn/tjgz/tzgb/201804/t20180423_1595390.html.

[2] 王征国：《论现代文化产业体系建设》，《邵阳学院学报》（社会科学版），2013年第1期。

型新兴产业"[1]。

（二）文化产业发展的跨界融合

随着信息技术的发展和互联网功能的广泛渗透，当今社会发展已越来越走向以文化创意为先导和引领的文化经济时代。文化经济时代内含着"文化经济化"和"经济文化化"的双向互动，是文化生活和经济生活的相互融合，体现着文化对社会生活的意义表达、价值理解和行为指引。在这一过程中，文化产业不断走出以文化艺术、新闻广播、印刷出版、影视制作、广告策划、演艺娱乐等为主要内容的传统文化领域，逐步迈向以文化创意、数字出版、移动多媒体、动漫游戏等为代表的新兴文化领域，并呈现出科技化、专业化、规模化、集约化和集群化的发展趋势。同时，引领创新发展的各种文化创意和设计服务也越来越渗透到经济社会生活的各个领域和各个行业，呈现出以"文化＋"为显著特征的多向交互融合与跨界发展新态势。所以，在当下需要高度重视高科技背景下文化产业发展的新趋势，充分认识和把握以"文化＋"为特征的文化产业与其他产业能够交互融合的发展规律，统筹文化产业发展与整个国民经济发展的关系，大力推动以文化创意和创新为引领的文化经济一体化、内涵化、高端化和品质化发展。

为了适应现代文化产业的这种融合发展态势，国务院制定了《关于推进文化创意和设计服务与相关产业融合发展的若干意见》[2]，认为推进文化创意和设计服务等新型、高端服务业发展，促进与实体经济深度融合，是培育国民经济新的增长点、提升国家文化软实力和产业竞争力的重大举措，是发展创新型经济、促进经济结构调整和发展方式转变、加快实现由"中国制造"向"中国创造"转变的内在要求，是促进产品和服务创新、催生新兴业态、

---

[1] 王征国：《论现代文化产业体系建设》，《邵阳学院学报》（社会科学版），2013年第1期。

[2]《国务院关于推进文化创意和设计服务与相关产业融合发展的若干意见》，http://www.ce.cn/culture/zck/zyzc/201502/04/t20150204_4515536.shtml。

带动就业、满足多样化消费需求、提高人民生活质量的重要途径。

《关于推进文化创意和设计服务与相关产业融合发展的若干意见》把塑造制造业新优势、加快数字内容产业发展、提升人居环境质量、提升旅游发展文化内涵、挖掘特色农业发展潜力、拓展体育产业发展空间和提升文化产业整体实力作为重点任务。提出：要着力推进文化软件服务、建筑设计服务、专业设计服务、广告服务等文化创意和设计服务与装备制造业、消费品工业、建筑业、信息业、旅游业、农业和体育产业等重点领域融合发展；要推进文化创意和设计服务产业化、专业化、集约化、品牌化发展，促进与相关产业深度融合，催生新技术、新工艺、新产品；要依托丰厚文化资源，丰富创意和设计内涵，拓展物质和非物质文化遗产传承利用途径，促进文化遗产资源在与产业和市场的结合中实现传承和可持续发展；要加强科技与文化的结合，促进创意和设计产品服务的生产、交易和成果转化，创造具有中国特色的现代新产品。这对提高我国文化创意和设计服务整体质量水平和核心竞争力、大力推进与相关产业的融合发展具有重要意义，需要在实践中统一思想、明确认识、抓好落实。

（三）文化产业融合发展的前景

在经济学视域中，产业融合发展主要是指在新技术革命的推动下原来各自独立的产业界限被打破，不同产业或同一产业内部的不同部门之间出现相互交叉、渗透、叠加的发展态势，甚至逐步走向融为一体的经济发展新业态。产业融合发展是推动经济活动不断创新的内生动力和实现方式，它有利于弥补产业之间或部门之间各自存在的缺陷与不足，从而形成新的发展优势，促进"依存共赢"，成为新的产业或新的经济增长点。推动企业走产业融合的发展道路，是突破路径依赖、增强竞争实力、走出发展困境的重要战略选择。在全球化背景下，借助当今科学技术日新月异的新发展，不同国家、不同地区、不同类型的企业相互之间进行合作、重组、并购，在不同产业之间实现多元化的跨界融合发展，越来越成为延伸产业链、扩大市场占有率、赢得竞争优势的普遍行为方式。这也表明产业融合发展作为转变经济发展方式、实现转型升级、推动创新发展的重要手段和开拓经济发展新局面的重要途径，已经越来越成为产业发展的新趋势和新常态。

现代文化产业是以知识和创意为主要资源、以信息技术发展为重要依托、以互联网兴起为重要平台的新兴产业。文化产业的发展对经济发展具有重要的功能和作用：首先，表现在文化产业不断发展壮大所形成的增加值对经济增长有直接的贡献和拉动；其次，表现在文化产业的发展可以带动产业结构优化和经济转型升级，从而促进国民经济的整体升级和发展。因为"文化产业以工业品的大量投入为条件，它的发展将拉动工业品的需求；文化产业可以赋予市场上的最终产品更多的文化魅力，不同文化含量产品之间的价格差异，会诱导企业更多地使用文化创意与文化要素，将与文化产业相关的文化理念渗透到设计、生产、营销、市场、品牌、经营管理等环节，产品价值创造链条的变化会引致产业结构的调整和升级"[1]。所以，重视文化产业的发展不能仅仅考量其自身所产生的产值大小，尽管它所带来的直接经济贡献对经济增长非常重要——越来越成为国民经济的支柱性产业，但还要高度重视其通过与其他产业的融合发展所带来的倍增效应。

其实，当今文化产业之所以作为新兴产业能够快速兴起、蓬勃发展，就在于它具有高知识度、高智慧性、高成长性和高渗透性，能够契合知识经济时代的发展要求。众所周知，知识经济的主要特点是技术、知识逐步取代资本、土地等传统要素成为经济发展的新动力。而要实现这种取代，就需要依托文化发展、文化要素的融入和文化产业的振兴来支撑。从这一意义上说，知识经济时代的到来也可以看作是文化经济时代的到来，这一背景为文化产业的发展提供了前所未有的历史性机遇。英国、美国、日本、韩国等国在发展文化创意产业方面的成功经验表明，文化产业发展具有很强的内在驱动性和外在关联性，它向各个产业的广泛渗透和互动，不仅带来自身的快速成长和壮大，

---

[1] 蔡旺春：《文化产业对经济增长的影响——基于产业结构优化的视角》，《中国经济问题》，2010 年第 5 期。

而且为经济转型升级提供了巨大的引导和推动作用。为此，目前世界各国都高度重视推动文化产业的融合发展，想方设法要发挥文化因素作为经济发展"倍增器"的功能和作用。

客观地说，文化产品的生产和服务不是今天才有的，自从人类有文化活动开始它就已经存在了，因为人类文明演进的过程就是文化不断创造和积淀的过程，表现为人类不断进行创新实践的理性追求和智慧结晶。但是，文化产业或文化经济之所以在今天才逐步成为国民经济的支柱性产业而快速兴盛起来，就是因为在工业革命带来物质生产极大丰富之后，人们对精神文化的需求越来越呈现出通俗化、大众化、普及化和多样化等发展趋势，这就需要有大量的文化产品和服务来满足人们的消费需求，所以文化产业就应运而生了。而在文化需求的普遍提升带来文化产业发展之后，又通过创意、设计和服务把各种文化元素融入其他行业的发展中，带动着其他产业的转型升级和价值提升，尤其是它赋予传统经济以文化内涵与价值引导可以实现从价值链的低端走向高端化的发展。因此，可以说文化产业内含着工具理性和价值理性的统一，具有便于走向融合发展的品格、功能和作用。在文化产业的融合发展过程中，一方面，它通过价值观念的培育与引导、文化资源的发掘与利用，把文化内涵融入其他产业的产品开发、营销服务、品牌建设等各个环节中，从而形成新的消费观念、品牌认同和价值提升；另一方面，它通过创意设计的开发与应用、科技创新的集合与提升，可以有效开拓和扩大其他产业的价值增值空间，从而形成经济集约发展的综合效应。

三、推动文化产业振兴的实践自觉

应当说，改革开放以来广州的文化建设取得了显著成效，文化设施完备、文化市场活跃、文化消费面广、文化创新力强，推动文化产业发展的前景和优势十分明显。但是，从总量、规模和水平来看，目前广州的文化产业发展在总体上还处于起步上升阶段，产业结构和区域布局不合理，产业主体"小、弱、散"的状况没有得到根本改变，尤其是文化创意和内容生产能力严重不足。

为此，广州需要深入研究和探索推动文化产业融合发展的具体路径，通过政策支持和引导为文化产业发展注入新的动力与活力，以形成文化产业与传统产业、新兴产业相互融合发展、创新发展的叠加效应。

（一）抢抓文化产业发展的机遇

文化产业发展水平是衡量一个城市文化综合实力的重要尺度，重视文化产业发展是城市文化建设和发展的重要内容。每个城市都需要关注自身文化产业的发展状况，研究推动文化产业发展、构建现代文化产业体系的对策措施。要充分依托和利用自身的文化资源、人才资源、技术水平、创新能力，大力促进文化产业走向快速发展、健康发展和融合发展，以发挥文化产业的渗透和引领功能带动相关产业尤其是传统低端产业转型升级。

就推动文化产业发展、构建文化产业体系的条件而言，广州有着非常好的基础和优势：首先，较早进行文化体制改革，为文化产业发展提供了以市场为导向的体制机制。在改革开放过程中，广州作为全国文化体制改革综合试点城市之一，率先进行文化管理体制的改革与创新，先后推进经营性文化单位的转企改制和文艺院团的市场化运作，逐步建立起国有经营性文化资产管理体制和运行机制，曾两次荣获"全国文化体制改革先进地区"称号。其次，逐步健全和完善文化市场体系，为文化产品的生产、流通和消费营造了开放有序的市场环境。广州高度重视现代文化市场体系建设，大力推进文化资源与市场对接，文化产业多元化投资格局开始形成，资本、产权、版权、人才、技术、信息等文化生产要素市场建设不断推进，现代文化产品流通和交易的规模不断扩大，可以为推动文化产业发展提供充满活力的市场氛围。再次，对文化企业进行整合重组，形成了一批竞争力和带动力较强的文化产业集团。在面向市场化的文化体制改革过程中，广州通过兼并、联合、重组、参股等形式，做强做大文化企业，比如有我国第一家报业集团——广州日报报业集团，包括广州传媒控股有限公司、广州广电传媒集团、广州新华出版集团等。同时，省级的南方日报报业集团、羊城晚报报业集团、广东星海演艺集团、南方广播影视传媒集团、珠江电影集团等，也在广州成为文化产业发展的"领头羊"。此外，文化消费能力不断提升，也为文化产业发展提供了十分重要的需求前景。2017 年，北京、上海、深圳的城镇居民人均文化消费分别是 4055 元、4534 元和 3092 元，分别占人均消费性支出的 10.5%、11.3% 和 8.4%，广州同期的数据分别为 5040 元、13.1%，说明广州的文化消费需求在全国一线城市居于前列。[1]

　　基于这样的条件和基础，广州就应该把握和利用当前推动文化产业发展的重要机遇：（1）经济高质量发展带来的重要机遇。当前我国经济发展已经逐步进入高质量发展的新阶段，尽管距实现高质量发展还有相当大差距，但是步入这样的发展阶段就意味着中国经济将进入一个投资与消费、外贸和内需更为平衡发展的时代，就意味着对实现经济高质量发展有引领和驱动功能的文化产业提供了更广阔的发展空间。（2）人民生活水平提高带来的重要机遇。随着全面建设小康社会的到来，人民群众的物质生活水平得到了前所未有的提高，而在过上衣食无忧的富裕生活之后，对精神文化生活的需求就会不断提升，即使是对物质产品的需求也会从低文化附加值的消费转向高文化附加值的消费，这就为文化产业的发展创造了许多潜在的需求导向。（3）智能化数字化发展带来的重要机遇。随着智能化数字化为代表的新科技革命的到来，产业发展将进入一个以技术创新、业态创新和商业模式创新为主导的崭新阶段，而智能化和数字化的核心内容一定是文化，因而新的经济增长将前所未有地需要文化产业的支撑。（4）提升城市文化综合实力带来的重要机遇。以往的城市竞争主要是经济实力的较量，现在的城市竞争越来越体现为文化竞争。在评价城市文化综合实力的要素指标中，文化产业发展无疑是最重要、最关键的要素指标，因而各个城市都在高度重视和加强文化产业的发展。

---

[1] 李仁武：《守正创新——走向文化自信的广州》，广州出版社，2018 年，第 145 页。

（二）制定"文化＋"行动计划

制定"文化＋"行动计划是推动文化产业融合发展行动方案。广州应根据已经出台的《国务院关于推进文化创意和设计服务与相关产业融合发展的若干意见》指出的目标定位以及所确定的七项"重点任务"和八个方面的"政策措施"作为制定"文化＋"行动计划、推动文化产业融合发展的重要依据。同时，要以落实《国家"十三五"时期文化发展改革规划纲要》和《文化部"十三五"时期文化产业发展规划》为指引，结合《粤港澳大湾区发展规划纲要》对广州要"培育提升科技教育文化中心功能"的要求，立足自己文化产业发展的具体实际，围绕全面提升文化软实力，着眼于抢占先机、优化布局、系统推进，有针对性制定战略规划和行动计划，并出台相关配套文件，为加快推进文化产业融合发展提供基于方向指引和政策支持的总体安排。

要搭建推动文化产业融合发展的智库平台，做好"文化＋"发展的前瞻性研究，以提升政策支持的精准性和有效性。在产业大融合的背景下，"文化＋"表现为文化产业与其他产业融合发展之间的强渗透和强关联过程。但是，"文化＋"的实现过程有自发性和自主性区别。其中，自发性是指把文化产业的融合发展作为一种客观趋势处于自发产生的要素融入状态，缺乏必要的方向引导和政策推动；自主性是指文化产业融合发展的客观趋势被广泛认知并转化为自觉行动，有相应的发展规划、路径选择、行动方案和政策支持。在实践中，要真正有效地推动文化产业的融合发展，充分发挥"文化＋"效应，就必须着力解决好从"自发"走向"自觉"的引导和支持问题。为此，需要认真研究和分析广州推动文化产业融合发展的方向和重点问题，要在业态、企业、技术、产品、市场、品牌、网络等方面进行战略性研究，要从产业布局、结构优化和转型升级的必然性和前瞻性上推动文化产业融合发展的体系构建，为实施"文化＋"战略提供有助于机会把握和路径选择的政策指引。

实施"文化＋"发展战略和行动计划，需要通过产业政策的制定和完善来引导和推动，涉及的政策体系和内容很多。就广州推动文化产业融合发展的具体实际而言，要重点研究和出台的政策支持主要有以下几个方面：其一是"文化＋科技"的政策支持。主要是通过深化文化体制改革和增加财政经费的政策性投入，支持高新技术成果向文化领域的转化应用，要重点培育适应移动互联等新媒体发展的文化新业态，强化文化对信息产业的内容支撑和创意提升。其二是"文化＋金融"的政策支持。主要是通过金融创新打造推动文化产业融合发展的投融资平台，重点设立文化产业创新发展风险投资基金，以股份形式各类社会资本参与投资。其三是"文化＋商旅"的政策支持。主要是推动"文化、商业和旅游"之间的深度融合，重点是打造集文、商、旅为一体的文化旅游、美食享受、购物娱乐、民俗欣赏、观光消遣、时尚体验等"都市购物休闲文化区"。其四是"文化＋制造业"的政策支持。主要是支持推动对新技术、新工艺、新装备、新材料、新需求等设计应用，提升新产品外观功能设计和研究开发能力，重点在于扩大"广州设计"和"广州智造"在全国乃至国际上的影响力。其五是重点园区和重点企业的政策支持。要以科学城、天河智慧城、中新知识城、黄花岗科技园等重点园区为依托，支持文化企业跨地区、跨行业、跨所有制经营的融合发展，着力建成一批业态集聚、融合效应凸显的文化产业园区，着力培育壮大一批主业突出、核心竞争力强的骨干文化企业，着力打造若干实力雄厚、竞争力强、融合度高的"文企航母"，全面提升文化产业融合发展的规模化水平。

（三）抢占文化产业发展新高地

有没有形成推动文化产业发展的主体自觉，关键在于能否主动把握发展先机、抢占发展高地。这对于文化企业要实现创新发展而言是如此，对于政府制定文化产业发展规划更是如此。而且，文化产业发展有自己本身的显著特点，其产品和服务更新换代的速率是随着流行节奏的变化来改变的。因为人们对某种精神文化的需求总是不断更新和改变的，比如看一场电影、读一本小说，看完读完其需求就满足了，重复去看去读的可能性极少。这样的特点，一方面为文化企业的发展提供了巨大的发展空间，它意味着只要你的产品和服务能够符合需要就有市场，你就有发展机会；另一方面又给文化企业带来巨大的挑战，它意味着你的产品和服务随时都可能过时，没有更新就意味着被淘汰出局。所以，文化产业发展的竞争异常激烈，不进则退、不新则亡是一条铁律。那么，如何在激烈竞争中立于不败之地呢？这就必须善于把握先机、抢占高地。

就广州的文化产业发展而言，需要把握的先机和抢占的高地主要有：（1）数字内容产业。当今信息技术的不断发展正在改变人们的社会生活方式，数字化生存和发展成为最重要的生活方式。在这一过程中，数字化的文化需求就成为文化产业发展的重要方向，而且这样的发展已经并不是遥远的未来，而是"未来已来"的现实。所以，要大力发展包括数字活动娱乐、数字视听、数字文化、网络影视、网络出版、数字音乐等以数字内容为核心的文化产业，打造数字文化产业高地。（2）传媒影视产业。广州在传媒影视方面有着"流行前线"的美誉，也有在国内外有重要影响的传媒影视企业，可以充分利用各类媒体资源，加快传统媒体与新兴媒体的融合发展，打造一批具有国际影响力的传播平台和引领型传媒影视集团。要充分利用现代科技和信息技术，在网络剧、微电影、网络大电影、网络综艺等文化产品开发中，凸显广州的文化创新创造能力，打造有影响力的广州文化品牌。（3）文化创意产业。要推进文化设计服务、建筑设计服务、专业设计服务、广告设计服务等文化创意和设计服务的发展；大力推动汽车设计、机器人设计、智能装备设计服装设计、皮具设计、珠宝设计等优势领域的产业发展；巩固和加强动漫游戏产业在全国的领先优势，鼓励、支持和保护原创开发，吸引全球动漫产业高度要素的聚集，推动动漫产业在广州的全产业链发展，引导和支持电子竞技类游戏发展，举办大型国际电子竞技赛事。（4）文化产业新业态。要高度重视前沿性、颠覆性技术在文化领域的创新与应用，以技术创新推动产品创新、模式创新和业态创新；推动虚拟现实产业、超高清视频产业健康有序发展，开拓混合现实娱乐、智能家庭娱乐等消费新领域；推动智能制造、智能语音、三维（3D）打印、无人机、机器人等技术和装备在文化产业领域的应用和发展。

为了推动文化产业的创新发展、融合发展和抢先发展，还需要在优化营商环境上深化改革。要在"放管服"的改革中，进一步简政放权，优化行政审批工作。要深化商事制度改革，简化商事登记程序，放宽注册资本和相关条件，在核名、商标保护等方面给予文化产业发展的支持。在互联网、文化、文物等专业服务领域给予更多先行先试的政策支持，解除法律、法规以外限制文化市场准入的条条框框，进一步推动文化领域扩大开放。创新文化市场监管方式，积极探索负面清单管理，建立健全文化市场信用体系，完善警示名单和黑名单制度，为文化产业发展营造良好的市场环境。

第七章　推动创新文化的建设与发展

改革开放以来，广州一直秉承着"敢为人先"的发展理念，始终保持解放思想、先行先试、敢于创新、勇于开拓的精神状态，在全国改革开放的实践过程中一直走在前列。可以说，"敢想会干"是对广州人创新精神的最好总结，它体现了岭南文化精髓在当下的继承与弘扬。站在历史发展的新起点上，我们又应当清醒地看到广州的创新发展还面临诸多问题、困难和挑战，需要高度重视和加强创新文化建设和发展，以便为落实新发展理念、实施创新驱动发展战略、促进经济转型升级、培育壮大战略性新兴产业提供坚实的文化支撑。

一、对创新和创新文化的理性认知

创新是一个民族进步的灵魂，是国家兴旺发达的不竭动力。创新是引领发展的第一动力，是建设现代化经济体系的战略支撑。习近平总书记深刻指出："坚持创新发展，是我们分析近代以来世界发展历程特别是总结我国改革开放成功实践得出的结论，是我们应对发展环境变化、增强发展动力、把握发展主动权，更好引领新常态的根本之策。"[1] 在新形势下，树立新发展理念、落实创新驱动发展、建设创新型国家和创新型城市，都需要深化对创新和创新文化的思想认识。

---

[1]《习近平谈治国理政》（第 2 卷），外文出版社，2017 年，第 201 页。

（一）创新文化概念的学理解读

创新这一概念，是由美籍奥地利经济学家熊彼特首先提出的。他在《经济发展理论》一书中明确将经济发展与创新视同一物，认为经济发展"可以定义为执行新的组合"。熊彼特之后，研究者又对创新概念进行了新的拓展和解释，比较有代表性的观点有：（1）创新是开发一种新事物的过程；（2）创新是运用知识或相关信息创造和引进某种有用的新事物的过程；（3）创新是对一个组织或相关环境的新变化的接受；（4）创新是指新事物本身，具体来说就是指被相关使用部门认定的任何一种新的思想、新的实践或新的制造物。[1] 按照这样的理解，我们不难看出：创新既包括技术性变化的创新——如技术创新、产品创新、过程创新等；也包括非技术性变化的创新——如制度创新、政策创新、组织创新、管理创新、市场创新、观念创新等。总之，在经济学家看来，凡是能提高资源配置效率的各种新活动都是创新。也就是说，创新是探索新知识或新技术并在生产领域应用和推广、使生产力获得结构性改变与进步的过程。

创新作为人类特有的实践活动，它对经济发展的作用固然是无可否认的。然而，我们对创新的理解却不能仅仅拘泥于经济学的解读。在马克思主义人学意义上，创新不仅是人类有别于其他生物的本质特征，而且是人类不断进步和发展的内在动力。马克思曾说过："蜘蛛的活动与织工的活动相似，蜜蜂建筑蜂房的本领使人间的许多建筑师感到惭愧。但是，最蹩脚的建筑师从一开始就比最灵巧的蜜蜂高明的地方，是他在用蜂蜡建筑蜂房以前，已经在自己头脑中把它建成了。劳动过程结束时得到的结果，在这个过程开始时就已经在劳动者的想象中存在着，即已经观念地存在着。"[2] 在马克思看来，人自身就作为一种自然力与自然物质相对立。为了在对自身生活有用的形式上占有自然物质，人就使他身上的自然力——臂和腿、头和手运动起来。当

[1] 王伟光：《创新与中国社会发展》，中共中央党校出版社，2003年，第8页。
[2] 马克思、恩格斯：《马克思恩格斯选集》（第2卷），人民出版社，2012年，第170页。

他通过这种运动作用于他身外的自然并改变自然时，也就同时改变他自身的自然。他使自身的自然中蕴藏着的潜力发挥出来，并且使这种力的活动受他自己控制。这就是人类特有的并使人之所以成为人类自身的创新能力和创新品性。

在人类自身成长和发展过程中，创新也是人类在改造客观世界的过程中不断改造自己、提升自己的基本途径。在《家庭、私有制和国家的起源》中，恩格斯根据摩尔根的分期法描绘了人类经过蒙昧时代和野蛮时代而达到文明时代的开端的发展图景："蒙昧时代是以获取现成的天然物为主的时期；人工产品主要是用做获取天然物的辅助工具。野蛮时代是学会畜牧和农耕的时期，是学会靠人的活动来增加天然物生产的方法的时期。文明时代是学会对天然物进一步加工的时期，是真正的工业和艺术的时期。"[1] 从这一发展图景表明，人类经由蒙昧时代和野蛮时代向文明时代演进的过程其实都贯穿着创新的主题,或者说都是以基于创新为先导的生产力的进步和发展为前提的。这其中包含的一个重要因素就是人类在改造客观世界的同时不断改造了自己，不断提高了自己的思想、品质、知识和能力。正如马克思所说："生产者也改变着，炼出新的品质，通过生产而发展和改造着自身，造出新的力量和新的观念，造成新的交往方式，新的需要和新的语言。"[2]

在现实生活中，创新是人们在认识世界和改造世界的过程中不断突破、变革原有的"范式"而求得"独特"的"新范式"的活动，并且这种"独特"往往是代表历史发展潮流的"独特"，或者说是人们不断地有所发现、发明和创造，不断地冲破"现存"的束缚，而达到理想彼岸的发展趋势和不懈努力。在人类文明演进的历史过程中，因为创新，人类不断地改变自己的生存境遇；也因为创新，人类不断地改变自己的生活方式，不断地憧憬可能达到的发展愿景。从这一意义上说，创新既是人类之所以能够不断保存其自身所必需的

---

[1] 马克思、恩格斯：《马克思恩格斯选集》（第4卷），人民出版社，2012年，第35页。
[2] 马克思、恩格斯：《马克思恩格斯选集》（第46卷·上），人民出版社，1979年，第494页。

一种最基本、最独特的生存方式，也是人类之所以能够不断完善其自身所必需的一种最基本、最独特的发展方式。显然，如果从人类的生存方式和发展方式来理解创新的意义是合理的，那么创新就应该超越经济和技术的层面成为一个文化的范畴。

因为文化虽然表现为思想、理念、价值观、习俗、体制、人际关系等，学界对它的解释也多种多样，但是在本质上文化就是对人类生活方式的沉淀、理解和表达。1982 年联合国教科文组织的会员国在墨西哥城召开的第二次文化政策世界会议，提出："今天，应该认为文化是有特色的各种特征的全部集合物，无论是精神的还是物质的，理智的还是感情的，它们表现一个社会或社会团体。除了艺术和文字，文化包括生活方式、人权、价值体系、传统和信仰。"[1] 这其中就明确把文化作为生活方式来看待。很显然，从生活方式来理解文化的本质是没有问题的。

按照这样理解的文化本质，我们就可以把文化看作人类生活方式及其在理性认识上所形成的思想、观念、习俗、宗教、艺术、规则，等等。创新行为或创新活动既然作为人类生存和发展不可或缺的基本生活方式而存在，那么我们对创新认识就应该上升到文化层面，把它作为一种非常重要的文化类型来理解。可以简而言之，创新作为人类最基本的生活方式和发展方式，其本身就是文化的存在并具有体现人类生活实践的文化意义。这就是我们所指的创新文化。

（二）创新文化的内涵及其构成

毋庸讳言，创新文化是对人类创新行为的深入认识和理解，它是从哲学文化学的高度给出的新概念，更强调从思想理念、价值追求和人文精神的层面来研究创新和推动创新。因此，理解了创新不等于理解了创新文化，重视

---

[1] 联合国教科文组织：《墨西哥市文化政策宣言》（Unesco, *Mexico City Declaration on Cultural Policies*, Paris: Unesco, 1982）。转引自保罗·谢弗：《文化引领未来》，社会科学文献出版社，2008 年，第 34 页。

了创新未必就重视了创新文化。换言之，在日常思想认识中人们对创新的经济学理解是比较深入的，尽管随着创新时代的到来人们开始逐步重视并接受创新文化的概念，但是从总体上说对创新文化的理解还是比较不充分的，不少人并不知道创新文化为何物，有的更将它与文化创新混为一谈。

就学界的讨论而言，目前对什么是创新文化的认识也不统一：有的认为"创新文化是指与创新相关的文化形态，它包括观念创新文化、制度创新文化、环境创新文化"；有的认为"区域创新文化是符合区域创新体系的价值观念、思维模式、行为规则、制度体系、精神氛围的总和"；有的认为创新文化包括两重含义，其一是指外在于创新实践的文化环境，即有利于创新的制度环境、组织文化和社会氛围，其二是指内在于创新实践的文化要素，即创新所需要的观念、价值取向、精神、思维方式和行为方式等；有的认为创新文化是树立和坚持以人为本的理念，在全社会形成"尊重人才、鼓励创新、宽容失败"的氛围，等等。[1] 这些研究表明，创新文化作为学术话题已经受到了广泛重视，但同时也说明对创新文化的研究还有待进一步总结和深化，唯有如此才能对什么是创新文化形成更加明晰的理性共识。

在基本概念的认识和把握上，我们认为作为一种文化类型，创新文化就是以人类的创新活动为内容的文化形态，主要指人们如何理解创新、研究创新、推动创新的价值理性和行为取向，包括社会生活中各种引导和推动创新的思想、观念、心态、习惯、制度、方式、方法、氛围，等等。创新文化既是对人类创新传统、创新经验、创新理论的概括和总结，也是对人类创新实践、创新规律、创新潜力的不断探索和发掘。创新文化属于文化的范畴，而文化又总是存在于各种内隐和外显的状态中。文化的内隐结构由思维方式、价值观念、审美方式构成，是文化中最一般、最抽象、最稳定的东西；文化的外显结构则由精神文化、制度文化和物质文化构成，是文化内隐结构的存在和

---

[1] 陈依元：《创新文化：自主创新的文化驱动力》，《福建论坛》（人文社会科学版），2007 年第 3 期。

表现形式，其中尤以价值观最为重要。[1] 从文化认同和文化自觉的主体选择上说，文化是一整套渗透于人类活动的外在形式以及思想深处的价值观念，核心是一种价值观念体系。所以，创新文化在本质上也可以理解为全社会认同创新、崇尚创新、参与创新、激励创新、保障创新的价值理念、行为习惯、意识形态和社会环境等方面的总和，其中蕴含着人类所特有的高度自觉的创造精神。根据表现形式及其对人类创新实践所起的作用不同，可以把创新文化分为创新的观念文化、创新的制度文化和创新的行为文化。

创新的观念文化又称为推动创新的"心性文化"，是指推动创新活动的精神动力，因而它主要包括人们对待创新的思想观念、基本态度、思维方式、价值判断、社会心理，等等。创新的观念文化是影响创新活动的最主要因素，其所包含的信仰、理性、价值等方面的发展和变化决定人们是否具有"创新"的强烈愿望，是否能够推动创新活动的持续发展。培育适宜创新的观念文化，其实就是要凝聚创新的精神动力，让创新成为每个社会成员的自觉行为，使人们的社会生活呈现出不故步自封、不因循守旧、勇于开拓、不断进取的精神状态。

创新的制度文化也称推动创新的"体制文化"，它是指开展创新活动所需要的制度环境和社会氛围，主要包括支持和维系创新的政策环境、法规体系、体制机制、服务网络、市场活力，等等。创新的制度文化如何往往是一个国家、一个城市、一个地区、一个企业能否形成创新氛围、能否激发创新活力、能否聚集创新人才的关键。培育鼓励和支持创新的制度文化，目的在于营造尊重规律、勇于探索、鼓励创新、宽容失败的制度环境，激励社会成员敢于创新、乐于创新、善于创新，让每个人可以通过创新努力来展示自己的聪明才智并实现自我价值。

创新的行为文化也可以称为创新的"过程文化"，它是指开展创新活动的行动体现，主要包括行为能力、行为方式、行为习惯、行为过程、行为类型、

---

[1] 方本新、孙启贵：《创新文化建设的制度审视》，《江淮论坛》，2005 年第 5 期。

行为特征，等等。创新的行为文化是产生创新结果和成效的行为状态，表现为创新意识、创新观念、创新精神向创新实践的具体转化。培育创新的行为文化，目的在于人人崇尚创新、向往创新、乐于创新、参与创新、贡献创新的社会行动氛围，推动创新活动遍及社会生活的各个领域和过程，让创新活力、创新成果和创新价值得到充分展示，从而体现出一个国家、一个地区、一个城市实现创新发展的巨大优势和潜力。

在创新文化的构成中，创新的观念文化、创新的制度文化和创新的行为文化不是孤立存在的，彼此构成一个相互影响、相互渗透的有机整体。观念文化是先导，没有创新的观念引导就不可能有创新的制度安排和创新的具体实践；制度文化是保证，没有有效鼓励和支持创新的制度安排，再好的创新理念也难以转化为创新实践；行为文化是实现，它将观念文化和制度文化转化为具体的实践行为，是取得创新成果的关键。创新文化作为一种价值理性，其对推动创新发展的意义是非常重要的，既可以帮助每个人接受创新观念、增强创新意识、提升创新能力，也可以让整个社会形成包容创新、鼓励创新、支持创新的制度环境和人文基础。只有当创新的观念文化、制度文化和行为文化能够相互促进并达到合理结合的时候，作为文化意义的创新才能成为人们习以为常的生活方式。

（三）厘清创新文化的认识误区

1. 创新文化不等于文化创新

创新文化，作为人们在创新实践的基础上形成的思想理念，它以知识和信息的生产、传播、使用为核心，在经济、政治以及观念领域不断突破旧模式，以求变化日新的"生活方式"或"样法"[1]，在广义上属于文化创新的范畴，这是无可厚非的。因为创新文化并不是凝固不变的，其自身也有不断适应实

---

[1] 魏博辉：《刍议"创新文化"》，《北京联合大学学报》（人文社会科学版），2004年第2期。

践需要而创新发展的必然要求。从这一意义上说，创新文化本身的发展也要通过文化创新来实现。但是，在狭义上创新文化与文化创新又是两个不能简单等同或相互混淆的概念。创新文化是把创新作为一种文化形态来看待，它突出创新的文化价值，强调创新是人类获得进步和发展的重要途径；文化创新是把创新作为改变文化思想观念、文化活动样式和文化活动载体等方面的手段、方法和途径，属于文化领域的创新，与"科技创新""管理创新""制度创新"等概念一样，是创新活动的具体领域或方面。当然，创新文化与文化创新之间也是有重要联系的：一方面，创新文化内含着文化创新，即它作为文化形态其自身的发展要通过文化创新（包括思想观念的改变、传播方式的改进等）来演进；另一方面，文化创新其实也是一种创新活动，它也应该纳入创新文化的范畴来考量并以创新文化的理念来推动文化创新的发展。但是，就对创新文化概念的把握来说，它与文化创新的区别是应当充分明确的，不能把两者混为一谈。

　　2.创新文化不等于企业文化

　　有的学者把创新文化归结为企业文化的组成部分或一个类型。比如著名文化学者余秋雨先生把企业文化分为三个层次：第一种是内享型的文化，企业的老板和员工希望企业里面的人能够像一个家庭一样，享受一个共同的规则，这个规则带有文化印象、生活习惯，这是内享型的文化，他们一般用董事长的语录，用名人名言的文章，用一些单位的好人好事组合在一起，编报纸、广播、杂志，这叫企业文化，最明显的标志就是在厂门口有一个"团结奋斗，拼搏向上"的横幅；第二种是发散型的企业文化，这个企业不管是为了商业营销也好，为了自己名声打造也好或者自己有意识做一些文化的公益事业也好，有发散型的文化，可能会投资一些电视剧，可能会做文化上非常好的事情，让大家感觉到企业有一种文化的道义感，即这个企业有很好的文化道义，具有归顺的文化形象；第三种文化是创新文化。从内享型文化变成发散型文化已经进了一大步，发散型文化没有创新，只是搬用外国的规范还是不够的，中国的文化要创新，古老民族负担很重要的创新，所以，第三种文化——创新文化是要大力提倡的。[1] 很显然，余秋雨先生是把创新文化当作企业文化来看待的。我们认为，创新文化不能简单等同于企业文化。一方面，对于一个企业来说，创新文化只不过是企业文化中的一项重要内容而已，企业文化包含的内容比创新文化要广泛得多；另一方面，创新活动包括科技创新、管理创新、营销创新、品牌创新、制度创新、战略创新等，涉及社会生活的方方面面，创新文化建设要以企业为主体但也远远超出企业的范围，创新文化的主体不仅仅是企业，还有政府、中介组织和个人。所以，不能把创新文化就归结为企业文化。不过创新文化与企业文化也不是完全分离的。就现代企业而言，创新文化建设也需要有企业文化作支撑，或者说应当在企业文化建设中高度重视创新文化的培育。在激烈竞争中，创新是现代企业的灵魂，自主创新的能力不仅直接关系企业的生机与活力，而且还决定着其发展的前途和命运。只有把创新文化建设融入企业文化的建设中，让其成为企业文化的主导，才能更好地推动企业的创新发展。

3. 创新文化不等于个体意识

创新文化无疑非常重视个性的创新价值、个人的创造能力和创业家的创新精神，但这并非意味它排斥团队合作精神和有组织的创造力。创新文化在鼓励、支持和保护每个人的创新活力并强调个体创造力充分发挥的同时，也非常注重对团体创造力的整合，它倡导系统集成、诚信合作的创新价值观。美国研究硅谷创新精神的专家在比较硅谷企业家与传统企业家之间的区别之后，得出前者具有与后者不同的一系列特质，其中包括：研发与创新要依靠"有才华、密切整合、多层次多文化的项目团队"；领导方法"强调同甘苦、共患难，通过分享企业的发展成果来鼓励团队的努力"；管理风格坚持"新概念或技术来自创始人，但是战略的成功却依靠管理团队"，"创始人、董事会和其他商业伙伴共担风险"；等等。在硅谷创业成功的经验总结中一个重要的因素是，"创业者组成了高素质的、有高度献身精神的团队，每位成

---

[1] 参见李仁武、高菊：《现代企业创新文化》，中山大学出版社，2007年，第31页。

员对创新成功的追求都极为执着，愿意通宵达旦地工作，其薪水大大低于他们在硅谷成熟公司里能够拿到的或曾经拿过的薪水"。美国一位最早开创硅谷专业性风险资本市场的风险投资家，在谈到企业能否成功的重要体会时说："创业团队的素质可能是判断创业最终能否成功的唯一最重要的依据。"硅谷为了整合区域的企业、学校、政府等的创新力量，还建立了有利于形成社会创新合力的"创新联盟"[1]。因此，不能简单把创新文化理解为强调个人自我意识的个性文化，主张相互合作、力量整合、共同创造的团队精神更是创新文化的重要理念。

二、推动创新文化建设的当代价值

创新是引领发展的第一动力，意味着在当今时代谁掌握创新的主动权，谁就能够获得竞争优势，就能化"危"为"机"、变被动为主动，就能拥有发展的空间和未来；否则，就将陷入发展困境甚至被历史所淘汰。在这样的背景下，各个国家、各个城市都在制定自己的创新发展战略，努力培育和发展自己的创新体系，以求在全球竞争中争抢到新的发展机遇。但是，创新作为一项复杂的系统工程并不是一抓就灵、一蹴而就的，它需要有创新文化建设作为基础，因而我们要从夯实创新基础、提升创新能力的战略高度上充分认识加强创新文化建设的重要性和紧迫性。

（一）创新文化推动科技创新

"回顾 20 世纪，最为壮观的历史现象莫过于科学技术的飞跃发展。人类在这 100 年所取得的科技成就和创造的物质财富远远超过了以往时代的总和。今天，当人类迎来 21 世纪的时候，基于科学演进、技术进步以及经济社会的深刻变化，科学技术的发展，无论在内容还是方式上，都呈现出前所未有的

---

[1] 吴晓江：《发展创新文化，激励科技创新》，《毛泽东邓小平理论研究》，2008 年第 8 期。

新特点和新趋势。"[1] 科技创新活动的过程大致可以分为种子、孵化和开花结果三个基本阶段。种子阶段是新思想、新观念孕育形成的阶段，通常表现为新点子、新构想的生成；孵化阶段是创新思想、新观念的正式提出和向技术革新或社会实践转化的阶段，表现为新的科学理论和新技术的突破性发展；开花结果阶段是指新的科学技术得到广泛推广与应用的阶段，表现为产业化和市场化的巨大发展以及对人类社会生活所产生的巨大影响。在这一过程中最为关键的环节是培育科技创新的"种子"。就像著名科学家贝弗里奇在其《发现的种子》一书中所说，"种子"是新理论的起点，或者说最初的思想火花。创新思想来源于创新灵感的激发，而灵感又根植于人们对科学理性的新追求、技术升级的新渴望和对社会生活方式变革的新期待。就像种子的萌芽生长需要土壤、阳光、空气、水分等外在条件，创新思想的萌生也需要精神和物质的支持，需要适宜生长的环境条件。适宜的创新文化氛围就像阳光、空气和水分一样，支持着创新思想的萌生，并使之长成参天大树。[2] 从这一意义上说，发展创新文化，培育全社会创新精神，是科技进步和创新最深厚、最持久的社会基础。

对于创新文化对科学技术创新的重要意义，中国科学院院长路甬祥教授曾经有过一段非常经典的阐述。他说："创新文化是一种氛围，一种环境，一种精神力量。它崇尚求真、唯实，实事求是，坚持'知之为知之，不知为不知'，反对一切弄虚作假行为；它鼓励理性质疑的精神，鼓励创新思维和独立思考，勇敢地捍卫科学真理，反对封建迷信和形形色色的伪科学；它鼓励创新而又宽容失败，鼓励探索；它充分理解科学大厦源于人类智慧之大成，理解科技创新的持续性，因而尊重前人和他人的成果，鼓励年轻一代'青出于蓝而胜于蓝'，提携和奖掖后进；它从科技发展的长河中认识到知识的多样性、学科交叉的重要性，不但鼓励自然科学与技术间多学科交叉，而且鼓励自然科学、技术与社会科学乃至人文艺术之间的交叉与合作；现代生产力的发展和科技

[1] 徐冠华：《大力构建有利于创新的文化环境》，《中国软科学》，2001年第3期。
[2] 金胜南，等：《科技创新呼唤科技创新文化》，《上海农业学报》，2006年第3期。

转化的现状昭示我们，不仅要重视与探索新规律为要旨的基础研究，而且要同样重视面向应用实际的研究发展和产业转化，使科学技术真正造福于人类；创新文化还应包括辩证地认识科学技术可能给人类带来的正反面的影响。"[1] 按照路甬祥教授的理解，现代科学技术的创新和发展需要以创新文化的培育为前提。如果没有创新文化或者说创新文化氛围和环境所能提供的创新动力不足，那么科技创新是很难获得实质性的进步和发展的。

历史的经验也反复表明：创新文化建设是推动科学技术创新发展不可或缺的社会基础。众所周知，元明以前我国在科技和经济很多领域都领先于世界，尤其在算学、天文学、农学、水利工程、造纸、印刷、纺织等轻工业方面有很多令人骄傲的成就。为什么后来却落伍了呢？这其中当然有封建体制的束缚、社会教育的落后和缺乏实验科学体系等原因，但更重要的原因就是中庸取向的价值观、厚古薄今、顺天承命的意识对创新思想的摧残，使很多创新的萌芽或者被扼杀，或者被扭曲成病态。[2] 这就是"李约瑟难题"的实质，即为什么近代科学没有发生在中国的根本原因。而在西方国家，为什么近代科学会起源于意大利的文艺复兴运动？就是因为文艺复兴是人类历史上最伟大的思想解放运动，推动了创新文化的诞生和创新力量的形成，也推动了近代科学的产生和发展。到了 17 世纪，世界科学中心由意大利转向英国，出现牛顿这样的科学巨星和蒸汽机技术这样的伟大发明；18 世纪以后世界科技中心和工业中心又从英国转到德国，再到美国。为什么会发生这样的更替？在实质上也是后来居上者通过培育自己的创新文化，催生了更有利于创新的体制、机制，使创新能力不断发生由弱向强的转移。这就意味着，如果没有创新文化的培育和发展，现代科学技术革命不仅不可能在一个国家或地区发生，而且恐怕现有的科学技术都有可能得不到推广和应用。因此，创新文化建设是推动现代科技创新的基本前提。

---

[1] 路甬祥：《科技创新与创新文化》，《文化交流》，2002 年第 3 期。
[2] 徐冠华：《大力构建有利于创新的文化环境》，《中国软科学》，2001 年第 3 期。

（二）创新文化推动社会进步

历史在前进，时代在发展。这是客观的自然历史过程。赫拉克利特讲"人不能两次踏进同一条河流"；孔子站在河川之上也说："逝者如斯乎，不舍昼夜。"这些已被我们广为熟知的智者名言，都是对客观的自然历史过程的深刻感悟。生活在不断变化和演进的社会历史长河之中，不论是从昨天走到今天，还是从今天步入明天，人们既在过去、现在和未来的相继延续中领略从传统到现代的巨变，也在理想与现实之间考量着是非、成败与得失。然而，无论我们表现出怎样的喜怒哀乐，历史的前进和时代的发展却总是那样的浩浩荡荡和那样的一往无前。人作为历史的主人并非生活在历史之外，而是生活在历史过程之中，即既是历史活剧的"剧作者"又是"剧中人"。所以，人们总是"自己创造自己的历史"[1]。

在社会进步过程中，人们一方面要通过对已有知识的学习来传承人类掌握和改造世界的能力，并在总结经验教训的反思中把握发展方向，避免实践的盲目性；另一方面要面对实践的新发展不断研究新情况、探索新规律、解决新问题，才能再应对困难、风险和挑战中掌握主动、赢得优势。所以，推动历史进步要以不同时代社会生产和生活已经具备的客观物质条件作为现实基础，更要以不同时代人们所具有的知识水平和对客观规律的认知能力作为智力支持。换言之，谁越是深刻地认识和把握了历史进步的规律，谁就越能自觉地创造属于自己的历史。那么，深刻认识和把握历史进步规律的文化基础是什么？毫无疑问不可能是死板和僵化的保守文化，而必须是勇于接受新事物和新发展的创新文化。因为通过创新文化的培育来凝聚解放思想的活力，才能形成推陈出新的思想意识和主体自觉，并转化为推动社会文明进步的强大动力。

随着现代科技的迅猛发展，科学技术作为第一生产力，其对社会文明进步产生的影响已经越来越大。由于现代社会科技进步与发展已经融入经济建设、政治建设、文化建设、社会建设和生态文明建设的各个领域，科技改变

---

[1]《马克思恩格斯选集》（第1卷），人民出版社，2012年，第669页。

世界的力量已经渗透到社会生产和生活的各个方面，成为引领和推动社会文明进步的最重要因素。科技的不断创新和发展，客观上要求我们必须按照新的原则组织理论研究、产品开发和生产过程，并对科研、教育、生产体制进行革命性的变革。"从经济发展来讲，要充分认识科技进步与创新，特别是人力资本在经济发展中的核心地位和推动作用，真正把经济和社会发展转移到依靠科技进步和提高劳动者素质的轨道上来。从科技工作来讲，要充分认识原始创新是科学技术发展的原动力，创造有利于创新的更加开放和鼓励竞争的环境；同时，适应科技创新规律，实现科学、技术、生产、服务的全程链接和紧密结合。从教育体制来讲，为适应知识爆炸和多学科交叉、渗透和融合的发展趋势，必须改变原有的教育方式，从传统的应试教育和以知识传授为主的教育，转向学习能力教育，以及综合创新能力的培养，也就是向素质教育转变。从文化建设来讲，要充分认识创新时代对创新文化需求的迫切性，把以人为本、以人为中心的观念当作重要的指导思想，大力营造有利于创新的文化环境，培育和繁荣创新文化，按照科教兴国战略和创新、跨越发展等要求，树立新的科技观、人才观和价值观。"[1] 因此，现代社会的文明进步必须以创新文化建设为基础。一方面，要通过创新文化的培育为现代科技发展提供有利于创新的文化氛围、价值理念和精神动力，使社会文明进步所需要的科技创新能够获得源头活水；另一方面，要通过创新文化的培育来调适社会心态、改变生活方式、强化创新意识，使创新成为能够被广泛接受的现代社会生活内容和品质。

20世纪六七十年代拉美一些国家就有过大量引进先进技术的实践，他们以为只要把先进技术播种在自己的国土上，丰硕的成果就足以跻身于先进的发达国家行列，收获的结果却是失败和沮丧。为什么会出现这样的结局？其深刻教训告诉我们，发展中国家的落后不仅仅是经济和技术的落后，更重要的还是文化的落后，如果不重视文化力建设，不去考虑如何建构一种足以推

---

[1] 徐冠华：《大力构建有利于创新的文化环境》，《中国软科学》，2001年第3期。

动改革与发展的文化基础，落后国家要真正实现现代化的转型是根本不可能的。从这一意义上说，人类社会的文明进步归根到底还是要以创新文化是否得到广泛的社会认同作为实现条件。换言之，社会主体在多大程度上具有创新的文化自觉会从根本上决定着一个社会的文明进步可能达到的水平高低。如果人们从心理上都抵制现代文明对传统文明的超越，那么社会文明进步就不可能获得创新性的发展。

（三）创新文化推动城市发展

在经济全球化背景下，城市的发展尤其是大中城市的发展越来越成为一个国家或地区参与国际竞争的桥头堡。在激烈的国际竞争中，综合竞争力的高低成为一个城市存在和发展的前途和命运。从理论上说，城市竞争力就是一个城市为其自身发展在其区域中进行资源优化配置的能力。城市竞争力的强弱表现为与区域内其他城市相比，是否能吸引更多的人才、资金、技术和企业的进入，是否获得更多资源配置的市场空间，是否具有更强的创造力、凝聚力和辐射力。在现实性上，城市的竞争力是由各种因素组成的有机统一整体，它的强弱要取决于各个要素相互作用、形成合力的综合结果。在城市的具体运行过程中，其竞争力的强弱是通过对其社会生产和生活所需要的物质、信息、能量进行系统处理和转换的能力和水平高低来体现的。这种对物质、信息、能量的系统处理和转换能力其实也就是一个城市所具有的规划、建设和管理能力。因为城市规划、建设和管理越来越关涉多元主体的权利诉求和利益保障，渗透着复杂的利益博弈和权利斗争，越来越考量着政府的决策能力和治理水平。因此，现代城市也越来越需要依赖创新文化主导下的制度创新来获得自身发展的机遇、优势与活力。这就意味着，建设创新型城市是全球化背景下城市发展的必然趋势，也是参与现代城市竞争的必然要求。

从经济学的观点来看，创新型城市就是指主要依靠科技、知识、人力、文化、体制等创新要素驱动发展的城市。它的主要标志是：城市技术对外依存度低于30%，技术进步对经济增长贡献率超过70%以上，发明专利申请量占全部专利申请量超过 70% 以上，企业专利申请量占全社会申请量超过 70% 以上，社会研发投入超过国内生产总值的比重超过 3% 以上，企业研发投入超过销售收入 4% 以上。国际经验表明：当一个国家或地区人均 GDP 达到 2000—4000 美元时，就应该进入以创新为导向的发展阶段。这一阶段正是工业化从中级阶段转向高级阶段的快速发展时期。这一时期，资本、土地资源等传统生产要素对经济增长的贡献率出现递减现象，而技术创新、知识进步日益成为推动经济社会发展的主要动力。它的主导产业要逐步向以高加工度、精细加工为主过渡；它的经济增长方式要由传统的高能耗、高物耗、高投入向依靠科技进步为主导的集约增长转型。而当一个国家、一个地区、一个城市的经济发展需要超越传统的时候，如果不注意加快培育自主创新能力，及时向创新型国家、创新型地区、创新型城市过渡，就可能犯严重的战略性错误。因此，建设创新型国家或创新型城市，其实也是经济发展的客观规律。

创新型城市的构成要素主要有：（1）创新资源——创新活动的基础，包括人才、信息、知识、经费；（2）创新机构——创新活动的行为主体，包括企业、大学、研究机构、中介机构、政府等；（3）创新机制——保证创新体系有效运转，包括激励、竞争、评价和监督机制。（4）创新环境——维系和促进创新的保障，包括创新政策、法律法规、文化等软环境，信息网络、科研设施等硬环境以及参与国际竞争与合作的外部环境。毫无疑问，创新型城市作为一个综合性概念，它不是仅仅意味着技术进步和科技创新，而是涵盖技术创新、组织创新、制度创新、融资创新、营销创新等全方位创新在内的创新体系。这就是说，建设创新型城市不能寄希望于在某个方面取得一些创新性的突破就可以大功告成。或者说，建设创新型城市是一个以提升城市综合创新能力为核心的系统工程。

而作为全面培育一个城市创新能力的系统工程，建设创新型城市就不仅需要产学研一体的研发、转化、产业化的一体化发展，而且更需要关键技术研发、创业孵化、成果转化、中介服务和科技融资五大平台的支撑，使自主创新能力获得以技术创新为实现途径的源头活水；不仅需要一个体制调控有效、政策引导有力、知识产权保护到位的创新型政府，而且更需要大批以推进自主创新为己任的创新型人才和企业，使自主创新能力的开发获得多元主体的理性共识和社会资源的有效配置；不仅需要把大力推进自主创新作为科技发展的战略基点和调整产业结构、转变发展方式的中心环节，加快发展高新技术产业并形成竞争优势，而且需要通过体制机制创新优化创新创业的社会环境，形成具有强大创新能力和辐射带动功能的区域创新体系，使自主创新能力切实转化为科技、经济和文化实力。而所有这些，都直接或间接地与建设创新文化有关，意味着创新文化建设对建设创新型城市具有基础性作用。也就是说，只有当创新文化能够成为一个城市的主流文化，而且创新能力建设显著增强的时候，支撑建设创新型城市的文化基础才可能真正夯实。

（四）创新文化推动经济转型

第二次世界大战结束以来的半个多世纪，传统的工业文明——旧工业时代的生产方式和生活方式发展到了极致。人类通过最大限度地开发、获取自然资源，取得了前所未有的经济发展，但同时也遭遇了以前所未有的速度和规模破坏生态环境所带来的严重生态危机。2005 年联合国《千年生态环境评估报告》指出：地球自然资源每年提供价值约 30 万亿美元的物产，如新鲜的水、清洁的空气和鱼类等，但人类活动也破坏了大约 2/3 提供上述资源的生态环境，包括湿地、森林、耕地、河流和海岸等。过去四十年中人类对河流湖泊水资源的开采总量增加了一倍，1/4 的海洋鱼类被过度捕捞，90% 的大型海洋食肉动物消失，25% 的哺乳动物、12% 的鸟类和 1/3 以上的两栖动物面临灭绝的厄运。20 世纪的最后几十年，世界煤炭资源损失了 20%，另外 20% 的煤炭资源正在退化，35% 的世界森林资源消失。人类活动，特别是现代农业的扩展，给自然界带来了无法逆转的改变。[1] 在第 60 届联合国大会期

---

[1] 李恒瑞：《发展观念的革命：当代中国科学发展观论纲》，广东人民出版社，2009 年，第 21—22 页。

间召开的联合国首脑会议上通过的《千年宣言》上明确倡导，世界各国要将可持续发展原则纳入国家政策和方案，以扭转环境资源的流失，确保环境的可持续能力。这说明，如何改变以主要依靠资源消耗和环境污染换取经济发展的传统经济模式，已经不是纯粹理论研究需要关注的问题，而是人类共同的前途和命运所要关注的问题。所以，当前加快经济发展方式转型是一个与人类命运息息相关的全球性问题。

统计资料显示，我国虽然创造了年均 GDP 增长 8% 的骄人成绩，但目前中国终端能源支出占 GDP 的 13%，比美国高出近 1 倍，每万元 GDP 的能耗是日本的 9.7 倍，世界平均水平的 3.4 倍，33 种主要产品的单位能耗比国际水平高出 46%，单位产值的石油消耗是日本的 4.3 倍、美国的 2.4 倍和韩国的 1.5 倍。目前我国的 GDP 总量虽然不到世界的 4%，但却成为煤炭、钢铁、铜的世界第一消费大国，石油和电力消耗占世界的消耗总量的 31%、钢铁占 27%、氧化铝占 25%、水泥占 40%；同时，土地、淡水、能源、矿产资源已经对我国经济构成严重制约，一些地方的环境污染已经到了无法治理的地步。[1] 这说明，主要依靠资源的高投入和高消耗来获得经济高速增长的发展模式已难以为继，或者说资源和环境问题已经使粗放型的经济增长方式走到了尽头。所以，全面树立和落实科学发展观，建设资源节约型、环境友好型社会，是当今中国发展的当务之急。换言之，当今中国迫切需要以科学发展观为指导，切实加快转变经济发展方式，通过创新发展、全面发展、协调发展走出新路，努力提高资源利用效率、降低物质消耗，以尽可能少的资源和环境代价确保经济社会持续、快速、健康的发展。

当前，加快转变经济发展方式关键是要抢抓机遇，大力发展战略性新兴产业，推动产业结构优化升级。如果说发展战略性新兴产业是一项重要的战略决策，那么如何把这一决策落实到加快转变经济发展方式的各项具体工作中，就不仅是对领导干部素质、能力和水平高低的综合考量，也是对发展战

---

[1] 王永平：《执政兴国新理念——马克思主义中国化最新成果研究》，广东人民出版社，2007 年，第 25 页。

略性新兴产业在全社会的接受度和适应度的综合考量。回顾产业发展的历史，不论是蒸汽机推动的新产业、电力推动的新产业，还是所有信息技术推动的新产业，可以说所有新兴产业的出现和发展都与科学技术的新发展密切相关；而且，正是科学技术一次次通过向新产业的成功转化，才划时代地改变了整个世界并深刻地改变着人类自身和人类文明的进程。而一种新兴的科学技术能否顺利完成由潜在生产力到现实生产力的转化和过渡，最关键的因素就在于它在多大程度和范围上能被劳动者所掌握。一般而言，科学技术被掌握得越多、越好、越及时，那么它在生产过程中的应用就越广泛、发挥的作用就越明显、成效就越显著。相反，如果一项新的科学技术不能被掌握，就不能应用于实践，也不能有新兴产业的出现。

按照这样的逻辑，要推动发展新兴产业的发展必须以掌握新知识、新技术为前提。而新知识、新技术能否被广泛接受、掌握和应用，又与一个社会是否具有创新文化的整体效应有关。只有当整个社会所形成的创新意识、创新心态和创新机制对新知识、新技术产生强烈的认同感，并有自觉接受和推广应用的综合能力，那么新知识和新技术所推动的新兴产业才有可能率先获得突破和发展。在经济全球化的背景下，各个国家之间的经济发展处于一种相互依赖、相互作用、相互影响的状态，发展战略性新兴产业还需要符合当代世界产业发展的趋势。而这种趋势又在哪里呢？这更需要在转变和更新知识结构上下功夫，不仅要学习当代新技术和新产业发展的基础知识，而且要学习当代世界经济发展的基本知识，还要培养运用世界眼光和战略思维、创新思维、辩证思维分析问题的能力。只有这样，才能站到科技和产业发展的前沿，从科技进步与国家发展战略、经济社会发展目标、人民日益增长的物质文化生活需要紧密结合的战略高度，来选择发展战略性新兴产业的突破口和着力点。所以，发展战略性新兴产业需要以创新文化建设为基础。一方面，要通过创新文化的培育来强化发展战略性新产业的理性自觉；另一方面，要通过创新文化的培育来提升发展战略性新兴产业的适应能力。

三、加强创新文化建设的对策分析

创新文化孕育创新事业，创新事业激励创新文化。提高自主创新能力、建设国家创新型城市，亟待加强创新文化建设。硅谷的经验表明，创新文化建设是提升创新能力的前提和基础。得改革开放风气之先的广州要建设国际创新枢纽，着力发展以 IAB 和 NEM 为代表的战略性新产业，迫切需要在创新文化建设上下功夫，大力发展具有创新精神的企业家队伍，完善和优化激发企业创新活力的制度体系，营造让创新在全社会蔚然成风的文化氛围。

（一）制定创新文化建设发展规划

国内外实现创新发展的成功经验表明：只有充分发挥创新意识、创新理念、创新思维、创新习惯对科技创新、组织创新、市场创新、体制创新、制度创新、管理创新的引领和推动作用，才能使创新事业在创新文化的沃土中健康成长。应该说，广州一直是我国对外开放的重要门户，有创新文化的历史传承和深刻底蕴；而且作为改革开放的前沿阵地，得改革开放的风气之先，许多推动发展的创新实践都走在全国前列，具有很强的创新意识和创新活力。但是，从树立新发展理念、落实创新驱动发展战略、建设创新型城市的新要求来看，广州的创新文化建设还严重滞后，推动创新的文化力还亟待加强。其中最突出的问题是改革开放以来在经济社会发展取得长足进步、人民生活水平显著提高的同时，小富即安、满足现状、不思进取的思想也相伴而生，成为影响城市迈向高水平创新发展的重大障碍。不难设想，这种思想状态如果得不到很好解决，那么广州要在推动"老城市新活力"中出新出彩，将很难迈开新步伐并取得突破性的新进展。为此，要把创新文化建设纳入推动创新型城市建设的文化发展总布局，制定加强创新文化建设和发展的具体规划和行动计划，让新发展理念更加深入人心，让创新在全社会蔚然成风，让创新文化成为推动广州创新发展道路的先导。

（二）培育全社会推崇的创新意识

文化是一个民族的精神和灵魂，是国家发展和民族振兴的强大力量。我们知道："只有文化的复兴才能带来一个民族的复兴；只有文化的繁荣，才能推动一个国家真正走上富强之路。"[1]历史和现实的经验和教训都反复表明：如果文化立不起来、强不起来，一个民族就没有赖以维系的精神纽带，一个国家就没有统一意志和共同行动，也不可能真正立起来、强起来。但是，文化并"不是与经济、政治、科技、自然活动领域或其他具体对象并列的一个具体的对象，而是内在于人的一切活动之中，影响人、制约人、左右人的行为方式的深层的、机理性的东西"[2]。所以，强调文化建设不能简单理解为就是物质性的文化基础设施建设，更重要的还在于人的思想观念和内在素质的提升。在以科学技术突飞猛进为标志的创新时代，重视和加强创新文化建设就要把握文化建设的规律，在培育全社会的创新精神、创新思想、创新观念上下功夫，全面增强全社会的创新意识、创新思维、创新斗志，以期让追求创新、成就创新、享受创新成为社会生活的主导价值理念，并投身创新实践成为全社会广泛参与的文化自觉。为此，广州要在全社会广泛开展创新文化的理论研究与普及教育，发动自然科学工作者与社会科学工作者从交叉学科的视角对创新文化进行多层面、多角度的理论探讨，深入分析和拓展创新文化的丰富内涵，并通过大力宣传创新文化、普及创新文化，以提高广大群众的创新意识与创新素质。当前，尤其要把创新文化所提倡的"创新成就未来"与广州人的"敢想会干"结合起来，使创新精神在岭南文化已有的根基中得到更有开创性的坚持和弘扬。

（三）健全和完善创新的环境制度

制度作为社会存在的基本构成，决定着人总是要在一定的社会制度中生

---

[1] 欧阳坚：《文化发展繁荣的春天正在到来》，《求是》，2010 年第 19 期。

[2] 衣俊卿：《文化哲学：理论理性和实践理性交汇处的文化批判》，云南人民出版社，2001 年，第 6 页。

活和发展。用康芒斯的话说，人是"制度里的公民"[1]。新制度经济学认为：一个社会必须有良好而有效的制度安排才能抑制人际交往中可能出现的任意行为、机会主义或损人利己的行为，从而维护经济增长和社会生活的正常秩序。[2]在这层意义上，制度的存在也是一种文化的凝结或文化的存在。因为制度环境制约着人们的社会行为，而要使创新行为获得制度的"允许"，就需要大力营造有利于创新的制度文化环境。所以，创新文化建设一定要通过引导、支持、鼓励和维系创新的制度设计和制度体系来体现出来。

其一，要从利益机制上营造有利于创新的制度环境。人们的思想又总是受利益行为所支配的。马克思说过："人们为之奋斗的一切，都同他们的利益有关。"[3]"'思想'一旦离开'利益'，就一定会使自己出丑。"[4]邓小平同志也明确地讲："不重视物质利益，对少数先进分子可以，对广大群众不行，一段时间可以，长期不行。"[5]因为创新的风险是巨大的，创新文化建设不能囿于创新的臆想而谈创新。如果没有一种宽容失败的制度设计就很难在全社会的层面形成创新动力。

其二，要从激发活力上健全有利于创新的制度体系。众所周知，美国的科技产业发展最初主要集中在128公路地区，在20世纪80年代之后它逐步走向衰落；而与之形成鲜明对比的是硅谷，它一步一步走向成功并取而代之，成为了美国科技创新发展及执世界新兴产业发展牛耳之地。在这一鲜明对比中，我们不难发现其中一个导致彼此发展兴衰的重要因素就是：前者在制度文化上表现为一切都按部就班、等级森严、僵化保守、缺乏活力，后者表现为没有等级制度、不理睬繁文缛节、采用灵活的工作制、鼓励冒险。所以，积极营造让各种智慧充分涌流、让科学思想自由表达的制度环境，确立鼓励

[1] 康芒斯：《制度经济学》（上册），商务印书馆，1962年，第93页。

[2] 李仁武：《制度伦理研究：探寻公共道德理性的生成路径》，人民出版社，2009年，第136页。

[3]《马克思恩格斯全集》（第1卷），人民出版社，1995年，第187页。

[4]《马克思恩格斯全集》（第2卷），人民出版社，1957年，第103页。

[5]《邓小平文选》（第2卷），人民出版社，1994年，第146页。

探索、崇尚创造、宽容失败的容错机制，是培育创新文化的基础。

其三，要从先行先试上推动有利于创新的制度变革。在制度上的改革创新，要以转变职能的政府改革为突破口，通过先行先试的体制和制度创新来理顺关系、化解矛盾，进一步深化对市场体制、投融资体制、文化体制、管理体制、分配体制等方面的改革，在体制机制上为创新资源的开发、创新人才的积聚、创新成果的使用提供广阔的空间。

（四）培育企业为主体的创新活力

企业是转变经济发展方式、实现产业结构转型升级的主体，也是营造创新文化氛围、强化自主创新能力的主体。一个国家、一个地区、一个城市所拥有的自主创新能力的高低，都是通过企业发展所控制的核心技术和自主知识产权来体现。在全球化的背景下，一个企业无论其主观意愿如何，都无一例外地卷入优胜劣汰的激烈竞争中。优胜者的成功之路在何方？无数事实证明，企业的成功都缘于持续不断的创新。中国许多企业之所以处于世界产业链的低端，成为跨国公司的"苦力"，关键就在于缺少创新能力。当前要加快转变经济发展方式，走出产业发展的低端，就迫切需要把企业创新文化建设作为加强创新文化建设的重点，在大力推进企业自主创新的具体实践中检验创新文化建设的成效。

其一，要大力培育企业家的创新精神。在激烈的市场竞争中，缘于企业家的价值追求所导致的重大决策直接影响甚至决定着企业发展的前途和命运。就企业的自主创新而言，企业家如果没有创新精神，就不会建立企业的创新文化系统，也不能在企业培植起以科技、竞争、创新为主导的价值观体系，更不可能有自主创新的动力和能力，结果只能在激烈的市场竞争中被淘汰。所以，企业家的创新精神是企业创新文化的灵魂，建设现代企业创新文化要以培育企业家的创新精神为前提。

其二，要在企业培育推动创新的组织环境。企业创新文化不是孤立存在的，必须渗透融汇在现代企业组织环境和具体的管理环节中才能起作用。正如美国 3M 公司总裁刘易斯·莱尔所说："一个明智的企业家，应该在他的企业中创立一种有利于创新的组织环境，鼓励并保护创新者，只有这样，企业才有活力和希望。"[1] 因而加强以企业为主体的创新文化建设必须在企业培育出有利于推动自主创新的组织环境，包括创新组织机制、创新决策机制、创新发展机制、创新控制机制、创新激励机制等制度体系。

其三，要在企业营造自主创新的氛围，让创新英雄得到尊敬和爱戴。一方面要高度重视人力资源的开发，重视员工创新能力的培养和训练，大力营造尊重劳动、尊重知识、尊重人才、尊重创造的企业文化氛围，使员工增强主动为企业创新发展尽心尽力做贡献的主人翁责任感；另一方面要尽量减少管理层次，推行矩阵扁平式管理模式，将充分信任融入管理活动中，最大限度地调动员工勇于创新的主动性、积极性和创造性，让创新智慧和才能在创新实践中充分迸发。

（五）为创新提供社会支持和保障

文化不论是从思想观念上来理解，还是从生活方式上来理解，它都是人满足自己取向更大价值需求的文化。离开了人，离开了对人的现实关照，文化只能是一种虚无。创新文化建设，就是要尊重一切创新实践者的自由探索，尊重他们的首创精神，鼓励和激励他们通过不断的创新来实现自己的个人价值和社会价值，让其以个人的创新成就展现自己、服务社会、引导他人；要提供和创造条件，充分发挥一切参与创新实践的人们特别是广大科学技术人员的聪明才智和想象力，激发他们的创造活力，真正让创新的精神深深融入民族和群体的文化之中。这是创新文化建设的崇高职责和价值所在。所以，建设创新文化要以全社会的智力支持和必要的物质设施作为基础。

其一，要全面实施培育创新人才的素质教育。教育在创新文化建设中肩负着特殊的使命，全面实施素质教育、大力推进创新教育是创新文化建设的

---

[1] 李仁武、高菊：《现代企业创新文化》，中山大学出版社，2007年，丛书前言第1页。

基础工程。建设创新文化，培育创新人才，首先要从基础教育抓起，从青少年入手培养他们的创新意识和实践能力，为在全社会树立以创新为主导的价值观、培育创新精神奠定基础。"在考试指挥棒的导向下，学生的创新性思维自小被扼杀，想象力、活泼的天性被剥夺。"[1] 为此，必须转变教育理念，改进教学方法，调整教育内容和方式，从小培养学生勇于创新的心理品质和培育创新意识。这是产生创新智慧的源头活水，也是建设创新文化要抓的根本。

其二，要为创新人才的高端聚集提供平台。人才是先进文化的创造者、是创意的源泉、是文化发展的第一资源。创新文化建设和文化软实力提升的关键在人才，"国内外无数的创新成功及失败的事例表明：人才，特别是尖子人才在原始性创新和高新技术产业化中发挥着不可替代的作用"[2]。广州必须把培育本土人才和引进高端人才结合起来，构筑高端创新人才的聚集高地，努力建设服务全国、联通世界的"国际人才港"。

其三，为推动创新文化建设提供经费保障。一方面，建设创新文化所需要的物质性载体如图书馆、文化馆、科学馆、博物馆、展览馆、研究院等基础设施，它作为公共文化事业发展的重要组成部分，需要有大量的资金投入才能建设、维护和使用；另一方面，建设创新文化所需要的公共教育设施需要大量的经费投入，除各级各类学校需要经费投入之外，还有开展科普宣传、创新宣传等方面的经费投入；此外，还有研究院所的扶持、创新人才的引进、科学研究项目的资助、优秀科研成果和优秀科研人才的奖励等，都需要有经费投入作为保证。为此，要积极探索以政府财政投入为主导与社会力量和市场力量广泛参与相结合的多元投入机制，让创新文化建设有政府财政资金的保障，让各种科创中心、科创基地、科创园区、科创小镇的培育有各种风投基金的支持并形成与市场直接对接的发展活力。

---

[1] 鲁开垠：《提高自主创新能力重在体制突破》，《南方日报》，2010年1月18日。

[2] 徐冠华：《大力构建有利于创新的文化环境》，《中国软科学》，2001年第3期。

第八章　推动政务文化的伦理化发展

广州得改革开放的风气之先，经济体制改革和对外开放的步伐一直走在全国前列，成为市场机制发育最早最成熟、市场化程度最高、市场活力最大的城市之一。在改革开放的过程中，广州取向公共行政的政府改革也走在全国前列，成为推动行政管理体制机制改革"先行先试"的重要示范城市之一。在这一过程中，广州为了不断适应建立和完善社会主义市场经济体制的需要，积极探索如何协同运用经济、法律和政策等手段来提升政府治理能力现代化，率先推进"营商环境和做事规则国际化"[1]，为政府改革取向现代公共行政和公共治理的新尝试和新运作进行了具有开创性的实践探索，也为推进政务文化建设取向伦理化发展提供了不少值得借鉴的重要经验。

一、政府服务职能不断强化

现代公共行政取向伦理化发展，是以确立和完善现代政府的公共服务职能为前提的。因为公共行政的本质和任务就是向社会和公众提供公共服务，这也正是现代政府服务型政府的主要职责和职能所在。如果政府没有把提供公共服务作为自己的重要职责和发展方向，没有把各种公共服务职能凸显出来，那么它就不可能真正成为现代服务型政府，也就没有公共行政取向伦理化改革和发展的可能。所以，不断强化公共服务职能是现代政府改革的重要目标和方向，也是推动公共行政伦理化发展的基本前提。在取向建立和完善

---

[1] 广州市人民政府：《关于加快推进广州市营商环境和做事规则国际化的意见》，《广州政报》，2009 年第 18 期。

社会主义市场经济体制的改革过程中，为了不断提高行政效率、优化治理环境、激发市场活力，广州紧紧围绕建设服务型政府的发展要求，着力在政府机构改革上进行了以转变职能为中心的实践探索，改革的方向是由无所不包的"全能政府"向边界清晰的"有限政府"过渡。

自1983年以来，广州市政府先后进行了六次机构改革。其中，2009年进行第五次机构改革是顺应国务院在2008年提出的大部制改革要求，把政府部门的数量缩减了9个；2014年进行的第六次机构改革，市政府设工作部门39个，保留的部门23个，新组建或调整的部门16个，撤销的行政机构12个。[1]从这六次机构改革来看，广州特别注重把政府机构改革与转变政府职能统一起来，每次改革都围绕如何克服"职能越位""职能错位"和"职能缺位"的突出问题来展开，而且每次改革都成为构建服务型政府的重要举措。

比如2009年的机构改革组建了"城市管理委员会"，将市容环境卫生局的职责，城市管理综合执法局的城市管理的职责，市政园林局有关市政管理、燃气行业管理的职责，以及市建设委员会有关城市管理、市容环境卫生的职责整合在一起；同时，将市政园林局的城市绿化、公园管理的职责整体划入市林业和园林局，从而实现城市郊区绿地一体化建设，改变了以前郊区林地归林业局、城市绿地归园林局所带来的矛盾。[2]又比如2014年的机构改革中新组建"广州市科技创新委员会"，将2009年成立的市科信局"一分为三"，其中科技管理职责划入了新组建的市科技创新委员会，信息化和电子政务管理职责则分别划入了新组建的市工业和信息化委员会以及市政府政务管理办公室。组建"广州市科技创新委员会"有利于加强科技工作的统筹力度，通过政府引导，多措并举，大幅提高全社会研发投入水平，可以有效解决科技创新的"短板"，更好地发挥科技创新对产业转型升级的支撑引领作用，以便将广州建设成为国家创新中心。再如2014年的机构改革是在2009年实行的"大部制"的基础上，进一步把相同、相近的职责合并，如国土与规划的

---

[1]《广州市机构改革方案公布　将诞生8个新部门》，《新快报》，2014年12月31日。
[2]彭澎：《广东大部制改革：比较与思考》，《探索》，2010年第2期。

整合、城管委与城管执法局的整合、内外贸的整合、卫生局与计生局的整合等，这些改革虽然有跟国务院和省政府机构设置相衔接的因素，但更重要的目的还在于理顺行政职能关系、优化行政运行机制、增强公共服务效能，"不仅有利于工作的开展，减少沟通交流成本，也有利于民众办事，减少误会和混乱"[1]。这是广州在推动公共行政伦理化发展过程中对机构设置如何走向科学化、合理化所做出的积极努力。

二、着力打造"阳光政府"

政务公开是建设服务型政府、促进公共行政伦理化发展的重要基础。早在 2002 年，广州市就率先出台了打造阳光政府的重要法案——《广州市政府信息公开规定》，为国务院出台《政府信息公开条例》提供了地方实践先行先试的重要经验。2006 年，又出台了全国第一部规范依申请公开政府信息工作的地方政府规章——《广州市依申请公开政府信息办法》。这两部信息公开规章的先后颁布，对广州的政务公开工作推动很大，该项工作也走在了全国的前列，成为全国各地仿效的对象。2005 年下半年，广州市被确定为全国政务主动公开和依申请公开制度建设试点；全国政务公开工作领导小组于 2007 年授予广州市"全国政务公开工作先进单位"；市政府门户网站也在中国政府网站绩效评估中获得地级市（含副省级城市）政府组第一名。[2]

2009 年，为进一步贯彻《中华人民共和国政府信息公开条例》和《中共中央办公厅　国务院办公厅关于进一步推行政务公开的意见》（中办发〔2005〕12 号），广州市还出台了关于深化政务公开工作的《广州市加快公共文化服务体系建设实施意见》。该意见强调："政务公开是政府机关施政的一项基本制度，在推进体制改革、扩大人民民主、加强反腐倡廉建设、维护社会稳定、促进科学发展等方面，发挥着越来越重要的作用。各级政府和部

---

[1] 彭澎：《广州机构改革中的制度创新探索》，《南方日报》，2015 年 1 月 29 日。

[2] 李毅：《改革开放背景下的地方政府法制演进路径——以广州市政府法制建设为视角》，《法治论坛》，2010 年第 1 期。

门的领导要充分认识深化我市政务公开的重要性和紧迫性，将进一步深化本地区本部门政务公开和办事公开工作摆上重要日程，进一步健全领导体制，完善工作机制。要落实专门的工作机构、配备工作人员，保障工作经费，确保政务公开各项业务工作稳步推进。"[1]2009 年以来，关系群众切身利益的财政预算、教育、住房、劳动、社保等政府信息主动公开的力度不断加强，引起社会广泛关注，也得到社会各界广泛赞许。在做好主动公开的同时，许多行政部门还建立了预公开制度，将重要决策事项放到部门网站上征求意见，让公众对重大决策和重大公共事项有知情权和意见表达权，一些行政决策在采纳群众意见后及时进行调整，公众对政府公共决策的民主参与意识不断提高。依申请公开的工作也在实践中不断规范，办事窗口、来访、传真、电子邮件、网络资讯、邮寄等受理申请渠道进一步畅通，信息公开的效果也越来越获得认同。例如市财政局应申请人的要求，在国内大中城市中首次在网上公开全市 114 个部门的年度财政预算，被誉为"为深化政务公开迈出关键一步"[2]。

在政务公开的实践中，广州还逐步健全了重大事项专家咨询、社会听证制度，通过制定《广州市人民政府规章制定办法》《广州市规章制定公众参与办法》等规范性文件，形成重大决策、决定广泛征求社会各界意见的工作机制，大力推动公共行政的民主化进程。总的来说，广州在推进政务公开的过程中，改革的思路非常清晰，其核心是要"巩固完善各项政务公开制度，扩大行政权力运行公开，优化行政决策、审批、执法、管理、服务流程"，全面"提升全市各级行政机关依法行政水平和便民利民惠民服务水平，为率先加快转型升级、建设幸福广州作出积极贡献"[3]。这是广州推动公共行政

---

[1] 广州市人民政府：《关于 2009 年广州市深化政务公开工作的意见》，《广州政报》，2009 年第 7 期。

[2] 广州市人民政府：《关于广州市 2009 年政务公开工作考评情况的通报》，《广州政报》，2010 年第 8 期。

[3] 广州市人民政府：《广州市 2010 年全面推进政务公开工作要点》，《广州政报》，2011 年第 5 期。

伦理化发展的重要举措。

三、持续推进审批制度改革

推进审批制度改革既是社会主义市场经济发展的必然要求，也是深化政府职能转变、促进公共行政伦理化发展的一项重要举措。广州市先后于1999年、2002年、2006年、2009年、2012年开展了五轮行政审批制度改革，积极适应经济社会发展的需要，逐步从重管制向重服务、重监管转变，对市场和社会能够自我调节的事项取消行政审批，对社会组织能够承担的事项转移给社会组织，对各区、县级市政府能够实施的事项进行下放，不断规范和强化了政府的公共行政职能，有效提高了政府在经济调节、市场监管、社会管理和公共服务等方面的治理能力和水平。其中，在2012年开始的第五轮审批制度改革中，市政府决定取消行政审批60项、备案18项，调整行政审批138项、备案29项，保留行政审批201项、备案67项，省或部委下放实施行政审批130项、备案5项，省或部委委托管理行政审批15项、备案2项。[1]

在推进审批制度改革中，广州结合如何加强特大城市管理的具体实际，特别注重体制机制上的创新实践，努力构建结构合理、配置科学、程序严密、制约有效的审批权力运行机制。其一，创新审批管理理念，不断完善行政审批、备案事项动态管理机制；其二，运用现代科技手段全面推行网上审批，实行网上公开申报、受理、咨询和办复，实现审批信息资源共享；其三，通过压缩审批环节、时限，优化审批流程，建立规范高效的行政审批运行机制；其四，加强审批监管，建立严密完善的行政审批监督制约机制。通过改革切实提高效率、严格责任、强化管理，加快廉洁政府、法治政府的建设进程。经过多轮审批制度改革，应该说广州市已经削减了大量行政审批项目，减少了政府干预市场和社会的事项，有效激发了市场主体和社会的活力；同时，

---

[1] 广州市人民政府：《广州市人民政府关于第五轮行政审批制度改革取消、调整和保留行政审批、备案事项的决定》，http://xzsb.gzlo.gov.cn.

行政审批的设定、标准、程序不断规范，推动了审批事项的法定化、制度化、规范化工作，审批时限大幅度压缩，提高了行政效率。这其中最受关注也最有影响力的重要事件是"万里长征图"所引发的改革。

2013 年年初，在广州市的"两会"上广州市政协常委、广州新城市投资控股集团董事长曹志伟展出了一张反映投资项目审批流程的"万里长征图"，即"一个投资项目从立项到审批，要跑 20 个委办局、53 个处室，盖 108 个章，需要 799 个审批工作日"[1]。这一份"万里长征图"马上成为媒体争相报道的新闻热点，也成为触发广州行政审批改革再深化的引爆点。当年 5 月，广州市出台了《广州市建设工程项目优化审批流程试行方案》，整合了 22 个审批部门、50 项审批事项、5 个审批环节，变串联审批为并联审批，把行政审批时间从 799 天缩短为 37 天。这是深化行政审批制度改革的重要成效，也是广州推动公共行政伦理化发展的重要举措。中央电视台、《人民日报》等媒体对此都做了报道，并称之为行政审批改革的"广州模式"[2]。

四、推行规范化的政务服务

广州市政务服务中心坐落于作为中央商务区的珠江新城，是广州市政府为方便企业和市民办事而设立的集中提供政务服务、投资服务及相关配套服务的场所。政务服务中心内设综合处、纪检组、政务服务处、协调督办处四个处室以及政务服务信息技术中心。广州市人民政府政务管理办公室是政务服务中心的管理机构，是广州市政府的派出机构、正局级单位，由常务副市长分管，负责对纳入市政务服务中心集中办理的行政许可、非行政许可审批和相关配套服务事务的组织、协调、管理、监督和服务工作。为确保各行政机关审批业务集中，市政府要求各行政审批职能部门做到"三个进场"，即

---

[1] 本刊首席时政观察员：《从 799 天到 37 天，广州"万里长征图"引发的改革》，《领导决策信息》，2013 年第 26 期。

[2] 本刊首席时政观察员：《从 799 天到 37 天，广州"万里长征图"引发的改革》，《领导决策信息》，2013 年第 26 期。

全部审批职能部门进场、全部审批事项进场、全部审批承办人员进场，以确保在政务服务中心办事大厅就可以办完有关审批手续。政务服务中心设置服务窗口200多个，在"集中办理、统一管理、公开透明、信息共享、便民高效"的原则下，为企业和市民提供"一站式受理，一条龙服务"。

在政务服务中心的管理上，先后制定了《广州市政务服务中心管理暂行办法》《广州市政务服务中心服务大厅管理办法》《广州市政务服务中心办事窗口工作人员服务规则》等14个文件，形成了诸如"首办责任制""办事公开制""服务承诺制""领导接访制""意见反馈制""过错责任追究制"等比较系统的管理制度体系[1]。从办公环境的营造、办事工具的设施到办事流程的指导，政务服务中心都千方百计营造出方便、舒适和温馨的服务氛围，从咨询台的办事引导到窗口办事人员的言行举止更是体现出热情、周到和细致的人文关怀，使服务对象能够体验到"进门有亲切感、咨询有信任感、登记有效率感、出门有满意感"。服务对象在接受服务过程中，可以通过窗口的服务评价器对审批职能部门及其工作人员的服务即时做出评价；市监察局在政务服务中心设有行政效能监察窗口，市法制办公室在政务服务中心设有行政执法监督办公室，对政务服务中心工作人员的服务质量进行实时监督，及时受理群众投诉，还会同政务管理办公室开展对进驻部门工作人员的工作考核。这样既有效杜绝了以往政府机关那种"门难进、脸难看、话难听、事难办"的衙门习气，也有效防止了"吃、拿、卡、要"等腐败行为的发生。

可以说，把政务服务中心打造成为依法行政的重要载体、推行政务为民的重要平台和密切联系群众的重要窗口，是广州建设服务型政府的重要探索。可以说，政务服务中心是广州取向公共行政伦理化改革的一大亮点，也是广州在全国叫响的政务品牌，"广州政务已经成为国内外争相学习的样板"[2]。

---

[1] 李权时、杨长明：《创建服务型政府研究——以广州市深化行政审批制度改革为例》，《城市观察》，2010年第5期。

[2] 严利：《要在全国叫响广州政务品牌》，《广州日报》，2008年9月17日。

五、实施政务"惠民工程"

坚持以人为本，强化执政为民，切实维护和促进社会公平正义，是公共行政伦理化发展的最终目标和根本要求。而能否达到这样的目标和要求或者在多大程度上可以达到这样的目标和要求，则是衡量公共行政改革和发展能否真正取得成效的重要标志。可以说，改革开放以来广州取向公共行政的改革也是围绕着这样的目标和要求来不断展开和深化的。

2007 年，广州市委市政府制定《中共广州市委、广州市人民政府关于切实解决涉及人民群众切身利益若干问题的决定》（简称"惠民 66 条"），强调："全市各级、各部门要充分认识贯彻落实《决定》对于改善民生、造福于民、维护公平、促进社会和谐的重要意义，切实把思想统一到市委、市政府的决策部署上来，以高度的政治责任感和紧迫感，抓紧抓好落实，确保取得成效，真正取信于民。各级党委、政府要从本地实际出发，迅速作出工作部署，制订详细工作方案，建立严格目标责任制，确保任务落实；各责任单位要各司其职、各负其责，加强组织协调和分工配合，形成工作合力，推进各项任务顺利完成；市委、市政府领导和有关部门要加强分类指导和检查督促，狠抓工作落实；各项任务的落实情况和实际效果要接受群众和各方面的监督。"[1] 著名社会学家郑杭生教授认为："这是广州市委、市政府所做的在制度创新中落实社会公平正义的最新努力，借助这样的努力把'富民优先、民生为重'的理念具体化为老百姓看得到的具体制度。通过这 11 个大方面 66 条的非常系统的惠民决定，我们看到了一个能够真正把民生问题放在应有地位的服务型政府的新形象，一个致力于让社会弱势群体也共享社会发展成果的公共权力的新面貌，一个把促进社会公平为己任的社会第一部门的新风气。"[2] 2008年，为进一步扩大社会保障覆盖面，提高社会保障水平，使城乡居民在经济

---

[1] 中共广州市委文件：《关于印发〈中共广州市委、广州市人民政府关于切实解决涉及人民群众切身利益若干问题的决定〉的通知》，《广州日报》，2007 年 5 月 8 日。

[2] 郑杭生：《在制度创新中落实社会公平——解读广州市委市政府〈惠民 66 条〉》，《广州日报》，2007 年 7 月 9 日。

社会发展中得到更多实实在在的实惠，又出台《中共广州市委、市人民政府关于切实解决涉及人民群众切身利益若干问题的补充意见》(简称"惠民66条"补充17条）。

从"惠民66条"到"惠民补充17条"，着力于把人民群众最关心、最直接、最现实的问题解决好，目的在于改善民生、维护公平、促进和谐，充分体现了现代公共行政所推崇的"以人为本、执政为民"的基本价值理念。这既是公共行政伦理化发展的制度创新，也是服务型政府建设的理性选择。随着"惠民66条"和"惠民补充17条"，从新型农村合作医疗、政府保障型住房，到标准化鱼塘建设、水浸街、噪声污染扰民，再到社会保障、医疗保障、新农合、医疗救助和住房保障等，每一条都和广州人的切身利益息息相关，都是为了切实解决与人民群众密切相关的民生问题；而每一条的落实又都为广州人带来了福祉，为每个人的生存和发展提供了具有安全感、信任感、公平感的制度体系。[1]

此外，广州还把体现公共服务职能的行政审批服务作为政务惠民的基础工程来抓，先后制定和公布了《政务服务63条便民措施》和《政务服务53条审批提速便民措施》等条例，不断增强公共行政的服务意识，从具体环节上强化服务规则和规范，有效树立和提升服务型政府的良好形象。特别是近年来把做好政务服务工作与开展"党的群众路线教育实践活动""'三严三实'专题教育"统一起来，以为民务实清廉为主要内容狠抓机关作风建设，坚决反对形式主义、官僚主义、享乐主义和奢靡之风，着力解决人民群众反映强烈的突出问题，自觉把"既严以修身、严以用权、严以律己，又谋事要实、创业要实、做人要实"的要求融入推动公共行政伦理化发展的具体实践中，进一步密切了政府和人民的关系，服务型政府的形象越来越得到广泛的社会认同。

---

[1] 郑杭生：《在制度创新中落实社会公平——解读广州市委市政府〈惠民66条〉》，《广州日报》，2007年7月9日。

六、提升治理能力现代化

公共行政的伦理化发展是国家治理体系和治理能力建设的重要内容，也是政府行政管理体制改革的必然趋势。尽管每个国家由于历史传承、文化传统、经济社会发展水平不同，所选择社会制度和治理体系也不相同，其对公共行政的伦理化要求也是有差别的，但是在人类文明史上先进的经验总是值得总结、学习和借鉴的，因而在当今的国际化背景下先进国家或地区在公共行政伦理化方面所获得的成功经验，对于推进国家治理体系和治理能力现代化的重要意义也是不可忽视的。广州不仅得改革开放的风气之先而且还毗邻港澳，在穗港澳的交流与合作过程中可以十分便利地学习和借鉴其先进的政府管理经验，有利于推动做事规则与国际接轨，提升政府在公共行政管理上的政务水平，并在迈向国际化方面取得先行先试的示范性成效。

在改革开放的过程中，广州深化行政管理体制改革、推动政务环境的国际化，是与深化经济体制改革、推动营商环境和做事规则国际化联系在一起的。2009 年市政府出台《关于加快推进广州市营商环境和做事规则国际化的意见》，强调推进营商环境和做事规则国际化是"提升广州经济社会发展水平的重要途径"，是"发挥中心城市龙头示范作用的必然要求"，是"实现与港澳互利共赢发展的重要基础"；提出"力争用 5 年左右时间，以落实 CEPA 有关要求为契机，在成立企业、取得许可证、人才引进、征用土地、融资、跨境交易、保护投资者、履约、结算等方面与港澳的做法紧密对接，达到或接近香港的便利程度。建立完善穗港澳三方在联合投资推广、国际市场开拓、政策沟通与协调、高层对话、信息共享等方面的制度与安排，扩大自主协商范围，共同制定区域合作规则，初步实现穗港澳交通通讯及邮政网络一体化，使广州营商环境全国排名居于最先进城市行列，成为亚太地区最重要的商务中心之一以及世界 500 强大企业新一轮投资热土"[1]。

---

[1] 广州市人民政府：《关于加快推进广州市营商环境和做事规则国际化的意见》，《广州政报》，2009 年第 18 期。

《关于加快推进广州市营商环境和做事规则国际化的意见》明确提出要"以公开、公正、透明为原则，进一步提高政府行政效率和效能"[1]；要"系统清理有关营商环境的地方性法规、规章和其他政策措施，根据清理结果决定保留、修改或者废止，制定有关政策、法律法规要更加注重与港澳合作、与国际接轨，不断改善和提升政府服务的质量和水平"[2]；要"积极探索建立以群众满意率、事项办结率为核心的政府行政效率数字化评价体系，全面提升全社会对政府服务的满意度"[3]；要"学习借鉴香港设立'申诉专员'和'政务公开主管'做法，进一步健全政务公开工作领导体制和工作机制，构建规范有序的政务信息公开运作机制"[4]；等等。这些都是在推动营商环境和做事规则国际化过程中对政府行政行为产生的直接影响，是推动政府管理向国际化水平迈进的重要举措。因此，伴随改革开放的实践不断走向深入，广州在行政体制改革过程中也通过不断学习和借鉴港澳乃至新加坡等地区或国家的先进管理经验，不断提升自己作为对外开放先行城市在治理能力和政务环境上的现代化、法治化和国际化水平。

通过办事规则的国际化对接，广州逐步建立了充满活力、运行高效的公共行政管理体制，逐步形成了在市场化背景下社会治理方式的法治化转变，公共服务能力不断增强，公开透明、规范法治、公正廉洁的政务环境建设在国内也始终走在前列。2014年5月，中国政法大学发布《中国法治政府评估报告》，广州市政府评估总分在53个较大城市中排名第一；2014年10月，华南理工大学发布《2013年度广东省地方政府整体绩效评价报告》，在全省

[1] 广州市人民政府：《关于加快推进广州市营商环境和做事规则国际化的意见》，《广州政报》，2009年第18期。

[2] 广州市人民政府：《关于加快推进广州市营商环境和做事规则国际化的意见》，《广州政报》，2009年第18期。

[3] 广州市人民政府：《关于加快推进广州市营商环境和做事规则国际化的意见》，《广州政报》，2009年第18期。

[4] 广州市人民政府（穗府〔2009〕37号）：《关于加快推进广州市营商环境和做事规则国际化的意见》，《广州政报》，2009年第18期。

21个地市的政府绩效排名中，广州位居第一；2014年6月，清华大学发布《2014年中国市级政府财政透明度研究报告》，同时公布"2014年289个城市财政透明度排行榜"，广州排第一；2014年12月，福布斯中文版连续第11年发布中国大陆最佳商业城市排行榜，广州以均衡实力获得了第一。[1] 当然，这些榜单成绩也只能体现广州曾经在公共行政伦理化发展上走在前列的风采，它并不意味着广州行政体制改革之路已经走完。正如习近平总书记所说："改革开放只有进行时、没有完成时，这是历史唯物主义态度。"[2] 在新的历史起点上，城市之间的竞争空前激烈，前有标兵后有追兵，广州能否继续走在前列已经成为迫切需要高度重视并值得认真反思的突出问题。

但是，我们也需要清醒看到："广州是千年商埠，商业文明历史悠久，这些年来在营商环境建设方面取得了较好的成绩，但也存在创新型企业和大企业不多、科技成果转化能力较弱、改革尖兵作用不明显等突出问题。要正视并认真解决这些问题，通过营商环境建设把省会城市集聚各种要素的作用发挥出来，打造新的核心竞争力。"[3] 为此，广州要对照国际先进的营商环境标准，一项一项研究，一项一项推进，探索建立与国际接轨的体制机制，把建设良好的营商环境与建设高效廉洁的政务环境、干净整洁平安有序的城市环境统一起来，并真正落到实处。尤其要抓住广东自由贸易试验区建设和广东开展企业投资项目负面清单管理试点这两大机遇，不断深化改革，努力打造营商环境的高地。要把自贸试验区南沙片区的建设作为进一步推进政务文化环境建设的示范区，面向全球，先行先试，努力在自贸区建设中走在前列。要"带头落实好企业投资项目负面清单管理改革的各项举措，建立健全工作体系和工作机制，为全省全国实行统一的市场准入负面清单制度探索路径、

<hr>

[1] 徐静、王鹤、谭敏：《广州着力营造市场化法治化国际化营商环境》，《广州日报》，2015年2月23日。

[2] 习近平：《推动全党学习和掌握历史唯物主义 更好认识规律更加能动地推进工作》，《人民日报》，2013年12月5日。

[3] 徐林、岳宗：《把市场化法治化国际化营商环境作为广州的核心竞争力打造》，《南方日报》，2015年2月10日。

积累经验、提供示范"[1]。

如果说经过改革开放四十多年的实践，广州率先走向适应市场化、法治化和国际化的政府改革一直走在全国前列，并取得了推动公共行政伦理化发展的成功经验和先行先试的示范效应；那么，在落实"全面建成小康社会、全面深化改革、全面依法治国、全面从严治党"的战略新布局中，广州完全有基础、有机会、有条件、有能力继续在深化行政管理体制的创新实践中探索新路、走在前列、创造未来。"十三五"期间，广州将建设我国重要的中心城市、国际商贸中心和综合交通枢纽，打造航运、物流、贸易中心和金融服务体系，通过创新驱动、综合交通、高端产业和区域合作，使广州国家中心城市功能实现整体跃升。而且，作为国家重要中心城市、"一带一路"重要节点城市、粤港澳大湾区建设的"核心引擎"，广州将要越来越多地参与到全球的竞争与合作中，"这也让人们对它的营商环境有了更高的期许，自然也提出更高的要求"[2]。因此，在面向未来的发展中，广州更需要学习和借鉴国际先进城市的治理经验和政务文化，更需要在深化行政体制改革中推进公共行政伦理化的新发展。当然，我们也有理由相信广州这座最富有改革创新精神的城市，将交出更能展示服务型政府建设新形象、新风貌和新作为的新答卷。

---

[1] 徐林、岳宗：《把市场化法治化国际化营商环境作为广州的核心竞争力打造》，《南方日报》，2015年2月10日。

[2] 马喜生：《广州"十三五"规划纲要：到2020年GDP达2.8万亿元》，《南方日报》，2016年4月2日。

第九章　提升国家中心城市文化功能

　　文化在本质上是社会生活实践的产物，但是它又并非独立存在社会生活之外。作为社会生活的意义表达和理性认知，文化对社会生活实践具有非常重要的指导和引领功能。加强城市文化建设需要高度重视城市文化引领功能的提升，要让文化在城市的现代化发展中体现出应有的活力与影响力。在建设国家中心城市的实践中，广州需要全面提升城市文化发展的综合实力，以彰显作为国家中心城市的文化地位和功能。

一、国家中心城市需要文化支撑

　　文化既是一个国家、一个民族繁荣兴盛的重要标志，也是一个城市、一个地区繁荣兴盛的重要标志。习近平总书记指出：“一个国家、一个民族的强盛，总是以文化兴盛为支撑的，中华民族伟大复兴需要以中华文化发展繁荣为条件。”[1] 对于每个城市振兴和发展而言，文化建设和发展所产生的凝聚力、影响力和竞争力也是不可忽视的；尤其对于要建设国家中心城市的发展而言，其所需要的文化发展和文化支撑更是不可或缺的。

---

　　[1] 习近平：《认真贯彻党的十八届三中全会精神　汇聚起全面深化改革的强大正能量》，《人民日报》，2013 年 11 月 29 日。

（一）城市发展的文化本质与意义

城市是什么？刘易斯·芒福德指出："城市——诚如人们从历史上所观察到的那样——就是人类社会权力和历史文化所形成的一种最大限度的汇聚体。"[1]他认为：城市既是神圣精神世界——庙宇的所在，又是世俗物质世界——市场的所在；城市既是法庭的所在，又是研求知识的科学团体的所在；城市不仅可以让人类文明的生成物不断增多、不断丰富，而且还促使人类经验不断化育出有生命(viable)含义的符号和象征,化育出人类的各种行为模式,化育出有序化的体制、制度。"城市这个环境可以集中彰显人类文明的全部重要含义；同样，城市这个环境，也让各民族各时期的时令庆典和仪节活动，绽放成为一幕幕栩栩如生的历史事件和戏剧性场面，映现出一个全新的而又有自主意识的人类社会。"[2]在芒福德看来，人类社会生活散射出来的一条条互不相同的光束以及它所焕发出的光彩都在城市汇集聚焦，最终凝聚成人类社会的效能和实际意义，这就是城市的文化意义。

在历史进步过程中，人类文明经过自狩猎文化向农耕文化的过渡，人口增加，促成了乡村社会向城市社会的转变，带来了大小城市的出现；随着贸易通达的拓展，以及职业种类的增多，又促进了城市的进一步发展，城市文明不断兴盛。但是，仅仅从经济形态演变是很难发现城市的真正本质的。"城市更主要的是一种社会意义上的新事物。城市的标志是它那目的性很鲜明的、无比丰富的社会构造。城市体现了自然环境人化以及人文遗产自然化的最大限度的可能性；城市赋予前者（自然环境）以人文形态，而又以永恒的、集体形态使得后者（人文遗产）物化或者外化。"[3]

在马克思主义看来，城市的发展是生产力发展和社会文明进步的必然结果，是人类告别野蛮走向文明的集中体现和重要标志。城市的建设和发展既维系着人们对美好生活的向往和追求，也带来人们实现自己美好愿望的机会

[1] 刘易斯·芒福德：《城市文化》，中国建筑工业出版社，2009年，导言第1页。
[2] 刘易斯·芒福德：《城市文化》，中国建筑工业出版社，2009年，导言第1页。
[3] 刘易斯·芒福德：《城市文化》，中国建筑工业出版社，2009年，导言第5页。

和条件。因此，城市的出现和城市的发展在本质上就是为了给人们带来更美好的生活环境、更先进的生产方式和更多样的交往途径，为怀揣各种愿望来到城市生活的人们提供可以获得更有作为的发展空间和更为远大的发展前景。城市发展既是"让生活更美好"变成现实的实现方式，也是海德格尔渴望"诗意的栖居"变成现实的实现途径。

（二）文化是国家中心城市的灵魂

文化是一个城市的灵魂，体现着城市的精神状态，也决定着城市的人文品格。在历史演进过程中，城市像一个"容器"内涵着它的各种文化建筑、文化故事、文化经典、文化人物、文化风貌，让城市延续着自己丰厚的文化记忆和文化特色。在芒福德看来，"城市文化"即"The Culture of Cities"，是一个多义词，包含着非常丰富的内容。一般而言，城市文化主要由物质文化和非物质文化两个大类所构成。其中，物质文化由各种物质的或有形的器物构成，包括建筑、园林、广场、道路等，它是一个城市文化风貌最生动、最直观、最形象的呈现；精神文化是由知识、信仰、道德、习俗、制度、法律以及市民的理想信念、精神追求、社会心态等无形的要素构成，它是城市文化的精神内涵和深层结构。

一个城市的文化形象虽然离不开其物质文化所展现的外在景观，但相对于外在形象而言，其内在的文化精神则更具有决定意义。按照芒福德的分析，可以得出一个重要的结论——文化是城市的生命。因为文化是城市和人类新生活之间的介质，不同质量的城市产生不同的文化，而不同的文化最终培育出不同素质的人品，所以城市是文明社会的"孕育所"，城市的文化运行不断产生出新的人类文明。在这一意义上说，城市的建设和发展必须要有自己独具特色的文化内涵和文化品格，才能成为人类文明发展的"孕育所"。

城市文化是城市社会生活的重要内容，它从人文品格的"培养基"上决定着一个城市在精神状态、人际关系、公共秩序、道德风尚、和谐氛围等方面所达到的文明程度。一个城市具有什么样的文化内涵和文明向度对于它的发展走向至关重要。如果一个城市的文化出了问题，文明导向出了毛病，那么它不断走向衰落就是不可避免的；恰恰相反，如果一个城市的文化是积极向上的，具有文明进步的鲜明指向和精神动力的强大激发，那么这样的城市一定会不断迈向繁荣发展新的高度。从这一意义上说，建设国家中心城市或者要真正成为国家中心城市，必须以文化建设作为基础，要有强大的文化基础和实力作为支撑。因为国家中心城市是居于国家战略要津、体现国家意志、肩负国家使命、引领区域发展、跻身国际竞争领域、代表国家形象的重要城市，所以要更加强调文化作为城市的灵魂，作为推动城市文明发展的力量。

（三）全球城市对文化功能的要求

在全球化背景下，推进现代化城市发展进程必然要确立国际化的发展目标。或者说，在全球化背景下建设国家中心城市的目的，就是让已经具备条件、能够走向国际舞台、参与全球竞争的城市成为有影响力的国际化大都市。所以，建设国家中心城市必须参照或对标那些已经被公认的"国际大都市"或"全球城市"所具有的城市功能来进行目标定位，研究所需要提升的城市文化发展水平。

我们知道，1915 年苏格兰城市规划师格迪斯（Patrick Geddes）就提出了"世界城市"（World city）或"全球城市"（Global city）概念。1966 年，英国地理学家、规划师彼得·霍尔（Peter Hall）对这一概念做了进一步解释，认为"世界城市"是专指对全世界城市或大多数国家发生全球性经济、政治、文化影响的国际一流大都市。英国社会学家弗里德曼（Friedman）在 1986 年率先描绘了"世界城市"（World city）应当具备的主要特征，并提出了"世界城市假设"的七个命题。此后，萨森（Sassen，1991、1995）、诺克斯和泰勒（Knox & Taylor， 1995）等学者对"世界城市""全球城市"做了广泛的探讨。[1]

---

[1] 鲍宗豪：《国际大都市文化导论》，学林出版社，2010 年，总序第 7—8 页。

按照学者们的讨论，"世界城市"或"全球城市"一般应具有五大特征：
（1）跨国公司和国际机构集中的所在地。（2）成为世界主要金融中心、贸易中心。
（3）成为一个区域（亚洲乃至亚太地区的）圈内的交通信息枢纽。（4）成
为国际文化交流中心。（5）集中体现城市所独有的人文文化、人文精神。[1]
其中成为"国际文化交流中心"的要求是，不仅要拥有国际水准的科技、文化、
教育设施和研究机构以及相应的人才优势，而且要具有极强的文化吸纳能力，
能把世界上最优秀的文化企业、文化机构、文化艺术品牌吸引和介绍进来，
具有极强的辐射能力，能把属于原创力的文化影响辐射出去。在"人文文化"
和"人文精神"方面，"世界城市"或"全球城市"还必须具有全球意义的
文化和产生"全球性"影响的都市精神。否则，尽管一个城市的金融、贸易、
交通、信息已经很发达，可以算作是有"全球性"影响的都市，但它还不能
成为真正的全球城市，"因为它缺乏成为全球都市的本质特征"[2]。

认识和把握"世界城市"或"全球城市"的基本特征和功能，对于我们
理解什么是"国家重要中心城市"以及怎样建设"国家中心城市"都很有参
考价值。它给我们的重要启示就是要充分明确：参与全球城市竞争不能重经
济轻文化，在努力成为国际经济中心、金融中心、贸易中心的同时，更要培
育自己独特的人文文化和人文精神。世界上的国际大都市，无论是纽约、伦敦、
巴黎、东京，还是洛杉矶、芝加哥、波士顿、莫斯科、悉尼、柏林、圣保罗、
新加坡，它们都有作为国际文化大都市所蕴含的文化禀赋、文化内涵和文化
风格。所以，在取向国际化和发展的进程中推进国家中心城市建设，需要高
度重视城市人文精神的培育，要把它作为"神"和"魂"融入城市文化建设
的各个方面，让它引领国家中心城市的新发展。

---

[1] 鲍宗豪：《国际大都市文化导论》，学林出版社，2010年，总序第9页。

[2] 鲍宗豪：《国际大都市文化导论》，学林出版社，2010年，总序第10页。

二、文化功能对城市发展的作用

文化既是人的意志在现实生活中的体现，也是人对生活意义的具体表达。在本质意义上，任何社会形态的文化都既包含着其对现实社会的肯定和支持，也包含着其对现实社会的评价与批判。它不仅包含人们对一个社会"是什么"的理性认知和公共认同，而且也蕴含人们对自己的社会生活"应如何"的价值判断和心理向往。文化基于价值理念以及由此而构建的价值世界为蓝图，不断给人们提出新生活的向往和期盼，并由此推动着社会的发展和进步。文化的这种引领功能无疑具有很强的内在性，但是在城市社会生活中我们都可以明显感受到这种引领功能带来的影响和变化。尤其在当今，文化对现代城市发展所发挥的引领作用已经越来越形成强势外显的态势。

（一）文化引领驱动经济发展

马克思主义的基本观点认为，文化是社会生活的反映，具有自己的相对独立性；但是，在社会生活过程中文化并不是完全独立于经济发展之外、与经济发展无关的孤立存在物。文化作为思想观念、价值追求和理性精神渗透在社会生活的各个方面，对经济发展具有重要的影响作用。因为文化既内涵着人们对幸福生活的向往和期待，文化也凝聚着人们对生活意义的理解和追寻，激发着人们参与社会实践的动机和欲望，它为经济行为选择给出合理性的认知。在不同文化背景下，人们的社会生活理念不同，习惯也不同，因而消费喜好、诉求和方式也存在很大差异，从而影响到经济发展的动力与活力。

对文化如何影响经济发展进步，著名学者亨廷顿曾就加纳和韩国的发展做过一个比较经典的分析。20世纪60年代初，经济统计数据表明加纳和韩国当时的经济水平相当：在经济构成方面，初级产品、制造业和服务业所占的比例相近；绝大部分的出口是初级产品，韩国当时仅生产为数不多的若干工业制成品；两国接受的经济援助水平也差不多相等。然而，30年之后韩国变成了一个工业巨人，经济名列世界第14位，加纳却没有发生这样的变化，其人均国民生产总值仅相当于韩国的 1/14。发展快慢相差如此悬殊，如何解释呢？亨廷顿认为："无疑，这当中有多种因素，然而在我看来，文化应是一个重要原因。韩国人珍视节俭、投资、勤奋、教育、组织和纪律。加纳人的价值观则有所不同。简而言之，文化在起作用。"[1]

亨廷顿所分析的案例，对于我们认识文化对经济发展的重要作用是有帮助和启示的。韩国人和加纳人在思想理念、价值观念以及精神状态上存在的文化差异导致经济发展出现巨大差距，表明不同的文化对经济发展所起的作用是不同的。那么，这种引领经济发展的文化价值理念是如何形成的呢？这当然有自发因素和自主因素。所谓自发因素，就是人们在自己的社会生活中受到习惯性的文化熏陶而获得传承性的认知。所谓自觉因素，就是在社会生活中主动接受新的文化教育，通过解放思想、转变观念、提高认识来获得的认知。而对自觉因素的培育，就是我们今天所说的要重视和加强文化建设的目的。因此，在城市文化建设中要充分考虑文化价值理念对经济发展的适应性、支撑性和推动性问题。只有让那些有利于经济发展的价值观念上升为人们社会生活的主导理念，才能真正发挥出文化对经济发展的巨大推动作用。在现代城市经济发展中，这种文化价值理念的培育就显得越来越重要。改革开放过程中，广州能够先行一步并且实现了经济持续快速健康发展，就得益于广州人的思想解放、求真务实、开拓创新和敢闯敢干的结果。这当然也是文化建设为经济建设和发展提供理性支持和引领驱动的重要体现。

（二）文化引领驱动社会发展

马克思主义认为：社会发展是一个客观的自然历史过程，包含着不以人的意志为转移的必然趋势；但是，社会的主体是人，社会发展的过程又是人参与其中的发展过程。因为人的社会行为是有目的、有意识的自觉实践，这

---

[1] 塞缪尔·亨廷顿、劳伦斯·哈里森：《文化的重要作用——价值观如何影响人类进步》，陈克雄译，新华出版社，2002 年，前言第 1 页。

种目的性和自觉性必然会对社会发展的进程产生巨大影响。马克思、恩格斯指出："'历史'并不是把人当作达到自己的目的的工具来利用的某种特殊的人格，历史不过是追求着自己的目的的人的活动而已。"[1] 恩格斯还指出："无论历史的结局如何，人们总是通过每一个人追求他自己的、自觉预期的目的来创造他们的历史，而这许多按不同方向活动的愿望及其对外部世界的各种各样作用的合力，就是历史。"[2] 所以，社会历史进步规律是客观的，它不以人的意志为转移，但是在历史进程中又是受到作为社会主体的人的影响和制约的。而作为社会主体的人对社会历史发展进程的影响，又突出表现在思想文化对人的主体性意识强弱的支配和引导之上。

在现实社会生活中，人们对主客体关系的理性认知和意义建构都是通过文化的培育和引导来完成的。因为现实的社会生活并非一帆风顺的，也不可能总是心想事成。每个人都"不得不面临一大堆复杂而困难的问题"[3]：比如怎样看待和解释宇宙和世界？怎样确保生存？怎样应付所需的食物、栖身地、衣食住行和创造性的表达？怎样处理生育与养育？怎样组织社会团体和社区？怎样生产、分配和消费？怎样改善生活质量？怎样占用地理空间？怎样处理与其他物种和世界的总的关系？等等。而对这些问题的解答，如果没有文化提供的理性指引，恐怕我们真不知所措。只有基于文化的传承、文化的引导，才能培育并形成预设和支配行为选择的价值理性，才能在社会生活中处理和应对各种复杂的问题。

可以说，文化对社会进步和发展的引领功能集中表现为对社会主体的行为给出合理的指引和范导，为社会文明进步提供一种基于文化滋养和浸润的和谐生活环境。一方面，文化为主体行为的合理性提供具有理性判断和价值引领，进而为文明的社会生活构建起基于道德遵守、良心维系和法治保障共同约束的公共秩序；另一方面，它渗透在社会生活的各个方面和各个环节中，

---

[1]《马克思恩格斯全集》（第2卷），人民出版社，1957年，第118—119页。

[2]《马克思恩格斯选集》（第4卷），人民出版社，2012年，第254页。

[3] 保罗·谢弗：《文化引导未来》，社会科学文献出版社，2008年，第51页。

为社会文明进步提供关于有效性、实践性、时代性的理性判断和价值认同，进而为人们提供基于社会发展来实现人生价值的追梦愿景。从城市文明进步的发展而言，每一次社会文明进步的重要变革都在文化的指引下实现了主体利益需要的满足，也让城市的发展不断展现出它作为人类文明标志的绚丽光彩。在城市变迁和演进过程中，文化凝聚的力量其实都代表着每个城市最大多数人的利益诉求，它形成的"合力"也成为每个城市推动文明进步最基础、最根本、最持久的强大力量。

（三）文化引领驱动美好生活

党的十九大报告指出："经过长期努力，中国特色社会主义进入了新时代，这是我国发展新的历史方位。"[1] 这个新时代，意味着近代以来久经磨难的中华民族迎来了从站起来、富起来到强起来的伟大飞跃，是全国各族人民团结奋斗、不断创造美好生活、逐步实现全体人民共同富裕的时代。进入新时代的重要标志，是我国社会主要矛盾已经转化为人民日益增长的美好生活需要和不平衡不充分的发展之间的矛盾。这一主要矛盾的变化说明人民生活水平在富裕起来之后要向"美"和"好"的方向发展，不仅表现在对物质文化生活提出了更高要求，而且在民主、法治、公平、正义、安全、环境等方面的要求也日益增长。根据马斯诺的需要层次论，人的需要总是不断由低级向高级提升的，对美好生活的向往就是对生活品质提出的新要求，也是对需要层次高水平提升。

从文化意义上说，人民对"美好生活"的需要是多层次、多方面的。既包括物质生活的需要，也包括精神生活的需要；不仅要解决生活资料"有没有"的问题，更重要的还要解决生活资料"好不好"和"美不美"的问题。物质生活的需要当然是最基本的需要，它是美好生活必不可少的前提和基础，但

---

[1] 习近平：《决胜全面建成小康社会　夺取新时代中国特色社会主义伟大胜利——在中国共产党第十九次全国代表大会上的报告》，人民出版社，2017年，第10页。

是美好生活的需要并不限于物质财富的满足，它还需要精神生活的享受。对"好不好"和"美不美"的理解包含着意义解读和审美判断，它涉及人们自身具有什么样的生活情趣和文化修养，因而在认知上会有很大的主体差异性。

在《1844 年经济学哲学手稿》中，马克思指出："只有音乐才能激起人的音乐感；对于没有音乐感的耳朵来说，最美的音乐也毫无意义。"[1] 马克思甚至还说过："因为要多方面享受，他就必须有享受的能力，因此他必须是具有高度文明的人。"[2] 这就意味着人的生活越是进入高端化、品质化，就越需要有对生活意义的理性认知能力和审美评价能力的文化提升。能否获得这样的提升，其实是人能否具有真正追求和品味美好生活所必需的文化心境。进入中国特色社会主义新时代也可以说是一个需要文化引导驱动美好生活的新时代，它亟待文化对美好生活给出可以让人们乐在其中、体验美好、分享幸福的心理调适、情绪安顿和境界升华。特别是，美好生活还包含着对音乐欣赏、文学熏陶、艺术品鉴等更高层次的文化追求，这就更加需要通过文化产品和服务的供给侧结构性改革来引导新的文化消费，以增强人民群众对提升精神文化生活品质的获得感和满足感。

三、对文化功能提升的路径选择

能否从战略的高度审视文化建设问题，不仅关系到文化软实力提升的实践自觉，而且也关系到一个国家、一个地区乃至一个城市未来的发展前途和方向。无数研究表明：发展中国家的落后不仅仅是经济和技术的落后，更重要的还是文化的落后。不论是一个国家还是一个地区或一个城市，如果不重视文化建设，不实施文化引领工程，不去培育和建构足以支撑走向未来的文化基础，那么要真正实现转型发展是几乎不可能的。当前，广州正处在建设国家中心城市的发展新阶段和关键期，能不能把握新机遇、实现新发展、再

---

[1]《马克思恩格斯全集》（第 42 卷），人民出版社，1979 年，第 125—126 页。

[2]《马克思恩格斯全集》（第 46 卷·上），人民出版社，1979 年，第 392 页。

上新台阶，就要看能否通过增强文化引领功能来落实新发展理念、明确发展新目标、迈出发展新步伐。因而，需要通过实施文化引领过程来推动城市文化功能的全面提升。

（一）提升文化综合实力

一个城市有没有文化影响力从来都不是自诩、自夸的，它要靠所具有的文化综合实力来赢得公认度和美誉度。对于建设国家中心城市而言，其文化地位和功能更需要通过文化综合实力的彰显来体现。当今世界，文化综合实力高低已经越来越成为衡量一个城市是否影响力、辐射力和带动力的重要因素。如果说在以 GDP 论英雄的发展思路中，经济实力尤其是经济增长的快慢成为衡量一个城市影响力的基本指标和关键尺度；那么，在坚持以人为中心的可持续发展思路下，文化发展和文化综合实力的提升就成为衡量一个城市影响力的重要尺度。建设国家中心城市是一项系统性工程，必须通过政治建设、经济建设、文化建设、社会建设、生态建设等各个方面来优化中心城市的功能配置，以增强其作为国家中心城市应当具有的综合影响力、辐射力和带动力。但是，在与提升城市的经济功能、政治功能、社会功能、生态功能相比，文化功能的提升往往最容易被忽视，因而要有增强文化发展意识，树立"以文化论输赢"的理念，把提升城市文化综合实力分解为具体任务落实到推动城市发展的方方面面，让城市社会生活的每个环节和细节都体现出文明进步的文化品质。

（二）提高市民文化素质

城市既是人类文明的成果和标志，又是人们日常工作和生活的家园。不论是作为文明的标志还是作为生活的家园，城市都需要有文化品位来体现它的美好，并赢得人们对它的尊重和热爱。一个城市的品位的高低又取决于其能给人们带来什么样的文化感受，而文化感受又是通过对文化的感知和感悟来获得的，其决定因素无非是文化数量的多少和文化品质的优劣。在历史的维度上，考量一个城市的文化品位要看其历史沉淀是否足够厚重以及能否从历史积淀中提炼出独特的城市文化个性；在现实的维度上，考量一个城市的文化品位要从当前社会生产、生活的元素中去考察一个城市所具有的文化生态、文化风格和文化张力。但是，无论如何城市品位都不是教科书中统计的枯燥数字和资料，而是由有内涵、有个性、有感情，活生生存留于空间和时间中生命的热度、岁月的痕迹、文化的积淀所表征的。或者说，一个城市品位的高低又表现为这个城市的主人什么样的生活品位和审美情趣，要看它的市民在日常生活中展现出什么样的理想信念、价值追求、生活态度、行为习惯和道德情操。因此，应当把提高市民文化素质作为具体抓手，在形成文化认同的基础上，培育和增强市民追求"诗和远方"的文化自信、文化自觉和文化自强。

（三）加强文化遗产保护

　　文化遗产包括物质文化遗产和非物质文化遗产，是人类历史的真实见证，也是城市文明发展的历史传承。物质文化遗产是具有历史、艺术和科学价值的文物，包括古遗址、古墓葬、古建筑、石窟、寺庙、石刻、壁画、近代现代重要史迹及代表性建筑等不可移动文物，历史上各时代的重要实物、艺术品、文献、手稿、图书资料等可移动文物；以及在建筑式样、分布均匀或与环境景色结合方面具有突出普遍价值的历史文化名城（街区、村镇）。非物质文化遗产是指各种以非物质形态存在的与群众生活密切相关、世代相承的传统文化表现形式，包括口头传统、传统表演艺术、民俗活动和礼仪与节庆、有关自然界和宇宙的民间传统知识和实践、传统手工艺技能等以及与上述传统文化表现形式相关的文化空间。只有加强文化遗产保护，才能延续一个城市发展的历史记忆，保持文化发展的历史根脉。因此，作为国家第一批公布的"历史文化名城"，广州有古代丝绸之路发祥地、岭南文化中心地、近现代革命策源地和改革开放前沿地等内涵丰富的文化遗产，需要把其文化底蕴和文化张力充分挖掘出来，以体现城市文化的厚重基础和根脉传承。

（四）做好做优文化事业

建设国家中心城市需要强化大力推进公共文化事业发展、提升公共文化服务水平的实践自觉。历史和现实的经验教训反复证明：一个民族的觉醒，首先是文化上的觉醒；一个政党的力量，源于文化认同和信念的坚定；一个城市的繁荣发展，要有文化艺术的分享。其中，文化的分享就是指城市可以提供更多参与文化体验的场所、机构、团体、活动、途径等，让人在丰富多彩的文化生活中获得陶冶身心的审美感受。提升城市文化功能需要在大力发展公共文化事业上下功夫，要以公共财政为支撑，以公益性文化单位为骨干，以全体人民为服务对象，以保障人民群众看电视、听广播、读书看报、进行公共文化鉴赏、参与公共文化活动等基本文化权益为主要内容，完善覆盖城乡、结构合理、功能健全、实用高效的公共文化服务体系。要加快构建均等化、优质化的公共文化服务体系，丰富公共文化产品和服务内容，不断满足人民群众日益增长的精神文化需求，以体现"文化发展为了人民、文化发展依靠人民、文化发展成果由人民共享"的价值理念。文化既促进人的发展，也推动城市的发展，要把最能体现城市魅力的公共文化氛围营造出来，以展示国家中心城市的文化风采。

（五）做大做强文化产业

发展文化产业是社会主义市场经济条件下满足人民多样化精神文化需求的重要途径，也是提升城市文化功能、建设文化强市的重要依托。必须坚持社会主义先进文化前进方向，坚持把社会效益放在首位、社会效益和经济效益相统一，按照全面协调可持续的要求，推动文化产业跨越式发展，使之成为新的经济增长点、经济结构战略性调整的重要支点、转变经济发展方式的重要着力点，为落实创新驱动发展、增强国家中心城市影响力提供重要支撑。

推动文化产业发展需要深化文化体制改革，强化机制创新，转变文化发展方式，优化文化产业结构，构建文化产业体系，提升城市文化发展的市场活力。其中要着力发展在新技术条件下有成长性性、引领性和带动性的现代文化创意产业，大力培育和扶持一批有带动作用的文化龙头企业；要着力发展有地方特色的文化产业，把文化事业与文化产业的互动发展作为实现文化跨越式发展的突破口；要着力创作文化精品，形成在国内外有影响力的文化品牌，彰显广州文化发展的品牌效应，扩大广州文化的国际影响。

第十章　推动城市文化建设走向未来

随着中国特色社会主义主义进入新时代，科学社会主义在 21 世纪的中国焕发出强大生机活力。中国特色社会主义道路、理论、制度、文化不断发展，拓展了发展中国家走向现代化的途径，给世界上那些既希望加快发展又希望保持自身独立性的国家和民族提供了全新选择，为解决人类问题贡献了中国智慧和中国方案。城市文化建设和发展需要按照中国越来越走近世界舞台中央、不断为人类做出更大贡献的时代要求进行未来发展的布局和规划，更有作为、更有成效地推动社会主义文化繁荣兴盛，以更加充满激情与活力、更加具有优势与魅力的文化姿态拥抱世界、走向未来。

一、新时代文化发展的重要使命

党的十九大报告指出："经过长期努力，中国特色社会主义进入了新时代，这是我国发展新的历史方位。"[1] 新时代意味着"近代以来久经磨难的中华民族迎来了从站起来、富起来到强起来的伟大飞跃，迎来了实现中华民族伟大复兴的光明前景"[2]。然而，我们也应当清醒地意识到："中华民族伟大复兴，绝不是轻轻松松、敲锣打鼓就能实现的。全党必须准备付出更为艰巨、

---

[1] 习近平：《决胜全面建成小康社会　夺取新时代中国特色社会主义伟大胜利——在中国共产党第十九次全国代表大会上的报告》，人民出版社，2017 年，第 10 页。

[2] 习近平：《决胜全面建成小康社会　夺取新时代中国特色社会主义伟大胜利——在中国共产党第十九次全国代表大会上的报告》，人民出版社，2017 年，第 10 页。

更为艰苦的努力。"[1] 这就要求我们更加要坚定信心、奋发有为，勠力同心为实现中华民族伟大复兴的中国梦而努力奋斗，让中国特色社会主义展现出更加强大的生命力。对于文化建设而言，进入新时代需要更加坚定中国特色社会主义的文化自信，更加增强全面提升文化建设质量和效益的实践自觉，更加努力推动社会主义文化繁荣兴盛。

（一）新时代文化发展的新征程

不论是历史还是当下，任何国家的强盛和民族的振兴都离不开其内涵着、凝聚着的文化灵魂、文化力量和文化优势。正所谓"文化兴国运兴，文化强民族强"[2]。也正是在这样的话语逻辑中，习近平总书记明确强调："没有高度的文化自信，没有文化的繁荣兴盛，就没有中华民族伟大复兴。"[3] 这是中国特色社会主义进入新时代我们应当形成的文化共识。不能以为经过改革开放四十年的努力，文化建设取得长足进步之后，文化建设的任务就完成了，可以坐享其成或无所作为了，要清醒地认识到文化建设和发展只有进行时没有完成时，而且社会发展越是走向文明进步，其对文化建设和发展提出的要求就会越高。这就要求我们在中国特色社会主义进入新时代之后更加重视文化建设和发展，要从实现"两个一百年"奋斗目标和实现中华民族伟大复兴的战略高度，进一步激发全民族文化创新创造活力，着力推进社会主义文化繁荣兴盛，建设社会主义文化强国。

中国特色社会主义进入新时代，最重要的历史任务是要决胜全面建成小康社会、开启全面建设社会主义现代化国家新征程，到中华人民共和国成立

---

[1] 习近平：《决胜全面建成小康社会　夺取新时代中国特色社会主义伟大胜利——在中国共产党第十九次全国代表大会上的报告》，人民出版社，2017年，第15页。

[2] 习近平：《决胜全面建成小康社会　夺取新时代中国特色社会主义伟大胜利——在中国共产党第十九次全国代表大会上的报告》，人民出版社，2017年，第40—41页。

[3] 习近平：《决胜全面建成小康社会　夺取新时代中国特色社会主义伟大胜利——在中国共产党第十九次全国代表大会上的报告》，人民出版社，2017年，第41页。

一百年时，把我国建成富强民主文明和谐美丽的社会主义现代化强国。可以说，进入新时代在本质上是要实现从传统社会走向现代化的历史性跨越。这就意味着我们要彻底变革传统的思维方式和行为方式，在思想观念、价值理念乃至心理、心态和人格上进行取向现代化的调整与转换。而面对这样一场从社会到观念、到心理、到人格、到意识的深刻变革，不是每个人都能自觉适应的。如果每个人都不接受这种取向现代化的心理转变，不能自觉按照现代化发展要求进行心性调整的"人格转换"，不可能形成推动现代化发展的强大主体力量，那么现代化的发展目标就不可能实现。在"拉美陷阱"的深刻教训中，最重要的一条就是缺乏这种取向现代化发展的"人格转换"，所以他们取向现代化发展的愿望只能落空。如果我们要想跨越"拉美陷阱"，就必须防止并克服这种现代化过程中的文化不融入、不适应和不支持。这就要求我们在建成社会主义现代化强国的新征程上要有更大的文化作为，要为人们在思想、观念、心理和人格等方面适应面向现代化的新发展提供文化的引领和支撑。

进入中国特色社会主义新时代的重要标志，是"我国社会主要矛盾已经转化为人民日益增长的美好生活需要和不平衡不充分的发展之间的矛盾"[1]。对人民日益增长的美好生活需要的理解，可以从数量和质量两个方面来认识。数量是指人民日益增长的美好生活需要在总量范围上呈现出不断扩大的趋势，不仅表现在对物质文化生活提出了更高要求，而且在民主、法治、公平、正义、安全、环境等方面的要求也日益增长。质量是指人民日益增长的美好生活需要在品质要求上呈现出不断提高的趋势，表现为从满足过日子的一般生活需求，逐步过渡到满足个性化有品位的生活需求，其中包括不断走向审美和艺术的文化享受。因此，进入新时代要针对人民日益增长的美好生活需求来重视和加强文化建设，要通过文化产品和服务的供给侧结构性改革来引导新的文化消费，让人民群众在精神文化生活中有可以获得越来越多的高品质文化享受的满足感。

---

[1] 习近平：《决胜全面建成小康社会　夺取新时代中国特色社会主义伟大胜利——在中国共产党第十九次全国代表大会上的报告》，人民出版社，2017年，第11页。

（二）新时代文化发展的新任务

文化发展和经济社会发展一样，总是处在不断进步和发展的过程之中，不同的时代有其不同的发展水平和不同的发展任务。进入新时代，文化越来越成为民族凝聚力和创造力的重要源泉，越来越成为综合国力竞争的重要因素，越来越成为经济社会发展的重要支撑，丰富精神文化生活越来越成为我国人民的热切愿望。这表明，中国特色社会主义进入新时代，是一个需要坚定文化自信、推动社会主义文化繁荣兴盛的新时代。因此，进入中国特色社会主义新时代，我们一定要担负起新的文化使命，在实践中进一步激发全民族文化创新创造活力，在历史进步中大力发展中国特色社会主义文化，努力实现面向现代化、面向世界、面向未来的文化进步。

2018年8月，习近平总书记在出席全国宣传思想工作会议发表重要讲话时强调："完成新形势下宣传思想工作的使命任务，必须以新时代中国特色社会主义思想和党的十九大精神为指导，增强'四个意识'、坚定'四个自信'，自觉承担起举旗帜、聚民心、育新人、兴文化、展形象的使命任务，坚持正确政治方向，在基础性、战略性工作上下功夫，在关键处、要害处下功夫，在工作质量和水平上下功夫，推动宣传思想工作不断强起来，促进全体人民在理想信念、价值理念、道德观念上紧紧团结在一起，为服务党和国家事业全局作出更大贡献。"[1]因为新形势下的宣传思想工作其实也是新时代文化建设和发展的重要内容，习近平总书记对宣传思想工作提出的这一使命任务也可以看作是新时代加强文化建设的重要使命任务，或者说在新时代的文化建设中要把这样的使命任务落实好。

其中，习近平总书记谈到的"兴文化"更是对新时代加强文化建设提出的具体指引。他指出："兴文化，就是要坚持中国特色社会主义文化发展道路，推动中华优秀传统文化创造性转化、创新性发展，继承革命文化，发展社会

---

[1]《习近平在全国宣传思想工作会议上强调：举旗帜聚民心育新人兴文化展形象更好完成新形势下宣传思想工作使命任务》，《人民日报》，2018年8月23日。

主义先进文化，激发全民族文化创新创造活力，建设社会主义文化强国。"[1]
很显然，这里所谓"兴文化"的"兴"就是党的十九大关于"推动社会主义
文化繁荣兴盛"的"兴"，其目的在于把源于中华民族五千多年文明历史所
孕育的中华优秀传统文化，熔铸于党领导人民在革命、建设、改革中创造的
革命文化和社会主义先进文化，植根于中国特色社会主义伟大实践，并在实
践中坚持为人民服务、为社会主义服务，坚持百花齐放、百家争鸣，坚持创
造性转化、创新性发展，激发全民族文化创新创造的巨大活力，让中华文化
展现出永久魅力和时代风采，让中国特色社会主义文化繁荣兴盛。总之，"兴
文化"就是要推动文化的创造、文化的繁荣和文化的兴盛，这是新时代我们
必须强化的文化使命和担当。

（三）新时代文艺发展的新要求

　　繁荣发展社会主义文艺，是新时代加强文化建设、增强中国特色社会主
义文化影响力的重要内容和重要依托。习近平总书记深刻指出："文艺是时
代前进的号角，最能代表一个时代的风貌，最能引领一个时代的风气"[2]；"举
精神之旗、立精神支柱、建精神家园，都离不开文艺"[3]；"我们要通过文
艺作品传递真善美，传递向上向善的价值观，引导人们增强道德判断力和道
德荣誉感，向往和追求讲道德、尊道德、守道德的生活"[4]。因此，要把繁
荣发展社会主义文艺作为新时代推动文化建设和发展的重要抓手，不断铸就
中华文化新辉煌。

---

　　[1]《习近平在全国宣传思想工作会议上强调：举旗帜聚民心育新人兴文化展形象更好完
成新形势下宣传思想工作使命任务》，《人民日报》，2018 年 8 月 23 日。
　　[2] 习近平：《在文艺工作座谈会上的讲话》，《人民日报》，2015 年 10 月 15 日。
　　[3] 习近平：《在文艺工作座谈会上的讲话》，《人民日报》，2015 年 10 月 15 日。
　　[4] 习近平：《在文艺工作座谈会上的讲话》，《人民日报》，2015 年 10 月 15 日。

1.要牢记不负于时代的责任与使命

实现"两个一百年"奋斗目标、实现中华民族伟大复兴的中国梦，文艺的作用不可替代，文艺工作者大有可为。每一个文艺工作者尤其要充分认识文艺的地位和作用，认识自己所担负的历史使命和责任。要通过积极创作更多有筋骨、有道德、有温度的文艺作品，书写和记录人民的伟大实践、时代的进步要求，彰显信仰之美、崇高之美，弘扬中国精神，凝聚中国力量，鼓舞全国各族人民朝气蓬勃迈向未来。

2.要坚持党性和人民性的有机统一

党的领导是社会主义文艺发展的根本保证。党的根本宗旨是全心全意为人民服务，文艺的根本宗旨也是为人民创作。把握了这个立足点，就能正确处理党和文艺的关系，就能准确把握党性和人民性的关系、政治立场和创作自由的关系。党性和人民性在文艺工作中要有机结合起来，二者缺一不可。只有坚持党性，才能保证文艺工作不跑偏、不误入歧途、不走火入魔。

3.要大力唱响文艺繁荣的主旋律

推动社会主义文艺繁荣兴盛，必须切实增强文化自觉和文化自信。习近平总书记指出："如果'以洋为尊'、'以洋为美'、'唯洋是从'，把作品在国外获奖作为最高追求，跟在别人后面亦步亦趋、东施效颦，热衷于'去思想化'、'去价值化'、'去历史化'、'去中国化'、'去主流化'那一套，绝对是没有前途的！"[1] 因此，推动社会主义文化繁荣兴盛的题中应有之义是要唱响社会主义的文化主旋律，把社会主义核心价值观生动活泼、活灵活现地体现在文艺创作之中，用栩栩如生的作品形象告诉人们什么是应该肯定和赞扬的，什么是必须反对和否定的，做到春风化雨、润物无声。

4.要切实推动文艺精品的创作与生产

衡量一个时代的文艺成就最终要看作品。推动文艺繁荣发展，最根本的是要创作生产出无愧于我们这个伟大民族、伟大时代的优秀作品。习近平总

---

[1] 习近平：《在文艺工作座谈会上的讲话》，《人民日报》，2015年10月15日。

书记指出："没有优秀作品，其他事情搞得再热闹、再花哨，那也只是表面文章，是不能真正深入人民精神世界的，是不能触及人的灵魂、引起人民思想共鸣的。"[1] 所以，我们必须把创作生产优秀作品作为文艺工作的中心环节，努力创作生产更多传播当代中国价值观念，体现中华文化精神，反映中国人审美追求，思想性、艺术性、观赏性有机统一的优秀作品。当然，优秀作品是形式多样、生动活泼的，不拘于一格、不形于一态、不定于一尊；但是，文艺精品的创作与生产却要倡导讲品位、讲格调、讲责任，抵制低俗、庸俗、媚俗。

5. 要高度重视和切实加强文艺评论工作

文艺批评是文艺创作的一面镜子、一剂良药，是引导创作、多出精品、提高审美、引领风尚的重要力量。只有发扬学术民主、艺术民主，才能真正提升文艺原创力、推动文艺创新。习近平总书记指出："文艺创作要坚持百花齐放、百家争鸣的方针，发扬学术民主、艺术民主，营造积极健康、宽松和谐的氛围。要提倡不同观点和学派充分讨论，提倡体裁、题材、形式、手段充分发展，推动观念、内容、风格、流派切磋互鉴。"[2] 文艺批评要的就是批评，不能都是表扬甚至庸俗吹捧、阿谀奉承，不能套用西方理论来剪裁中国人的审美，更不能用简单的商业标准取代艺术标准，把文艺作品完全等同于普通商品，信奉"红包厚度等于评论高度"。习近平总书记反复强调："低俗不是通俗，欲望不代表希望，单纯感官娱乐不等于精神快乐。文艺要赢得人民认可，花拳绣腿不行，投机取巧不行，沽名钓誉不行，自我炒作不行，'大花轿，人抬人'也不行。"[3]

6. 要自觉坚守艺术理想、强化以文化人

文艺是给人以价值引导、精神引领、审美启迪的，艺术家自身的思想水平、业务水平、道德水平是根本。文艺工作者不仅要在文艺创作上追求卓越，

---

[1] 习近平：《在文艺工作座谈会上的讲话》，《人民日报》，2015 年 10 月 15 日。

[2] 习近平：《在文艺工作座谈会上的讲话》，《人民日报》，2015 年 10 月 15 日。

[3] 习近平：《在文艺工作座谈会上的讲话》，《人民日报》，2015 年 10 月 15 日。

而且要在思想道德修养上追求卓越，更应亲身践行社会主义核心价值观，努力做到言为士则、行为世范。要努力以高尚的职业操守、良好的社会形象、文质兼美的优秀作品赢得人民喜爱和欢迎。对此，习近平总书记明确要求："文艺工作者应该牢记，创作是自己的中心任务，作品是自己的立身之本，要静下心来、精益求精搞创作，把最好的精神食粮奉献给人民。"[1]

二、城市文化建设的国际化视野

进入中国特色社会主义主义新时代，需要我们进一步开创文化建设和发展的新局面，更有作为、更有成效地推动社会主义文化繁荣兴盛。在新时代推动城市文化建设和发展，尤其要以改革开放以来所取得的辉煌成就为基础，以习近平新时代中国特色社会主义思想为指导，坚持胸怀理想、坚定信念、凝心聚力，坚定不移走中国特色社会主义文化发展道路，努力通过文化软实力的不断提升，形成不断走向世界的文化优势。

（一）以国际化视野推进文化的新发展

经过改革开放四十年的发展，广州的文化建设和经济社会发展一样，都已经站在了新的历史起点上。作为一个代表中国率先改革开放并取得辉煌成就的城市典范，广州要以崭新的面貌登上世界舞台、融入国际化发展的全球城市体系中；作为国家重要中心城市，广州要在全面深化改革、提升开放水平、扩大中国特色社会主义文化影响力的新征程中有更大的担当，要成为践行习近平新时代中国特色社会主义思想的示范城市，要代表国家向世界展示中华文化的新辉煌。这就决定了广州的文化建设不能囿于独善其身、自我满足、自得其乐的"小天地"，必须有迈向全球化发展的国际化视野和要成为有影响力的国际文化城市的宏大气魄。

进入新时代，开启新征程。广州在文化建设和发展上提出了"打造全球

---

[1] 习近平：《在文艺工作座谈会上的讲话》，《人民日报》，2015 年 10 月 15 日。

区域文化中心城市"的新目标。确定这一发展目标，是广州牢固树立"四个意识"，坚定"四个自信"，在全省实现"四个走在全国前列"、当好"两个重要窗口"中勇当排头兵的战略举措，也是广州在构建全面开放新格局中将以什么样的文化形象和文化功能融入全球城市体系的战略选择。应该说，这一目标定位契合了改革开放以来广州文化建设从健全要素、补齐短板到系统布局、功能提升的历史性巨变，是对"建设文化强市、培育世界文化名城"发展取向的进一步具体化，体现出广州推动中华文化走向世界应当具有的责任与担当。

打造全球区域文化中心城市的重要性，既要从发挥广州在粤港澳大湾区建设中的文化引领作用来认识，也要从广州走向国际化发展、融入世界城市体系的要求来认识。换言之，广州要成为全球区域文化中心城市，首先就应当成为粤港澳大湾区的文化中心城市，同时还要在世界城市体系中展现自己独具魅力的文化风采。因而要从全球区域文化中心城市所需要的城市文化功能来考量文化建设的成效、来提升文化发展的品质。要充分明确，广州必须全面提升自己参与全球文化竞争的实力，并努力在全球城市体系中培育能够获得广泛认同的文化功能和文化影响力，否则要打造成为"全球区域文化中心城市"的目标是难以实现的。因此，要在增强文化自信的基础上，充分认识新时代的文化建设不仅只能加强不能放松，而且还必须有更高的发展站位和发展视界。

从国际化发展的视域来审视广州建设全球区域文化中心城市的发展要求，既要考虑在文化发展的规模和水平上如何达到取向国际化的整体提升，还要考虑在城市文化综合实力上如何形成能跟其他已经具有全球区域文化中心地位的城市同台竞争的优势。这就要求城市文化建设不仅要在"硬件"建设上有可以参与国际文化交流的现代化基础设施，而且更要在"软件"建设上有参与国际文化竞争的品牌影响力。为此，未来广州的文化建设需要围绕夯实建设全球区域文化中心城市的文化基础做文章，大手笔布局和推进以习近平新时代中国特色社会主义思想为指导的城市文化体系建设，把"硬件"

建设和"软件"建设融为一体，形成合力，以新时代"中国·广州"最鲜明的文化特色，向世界展示一个正在不断走向现代化和国际化的大都市文化风采。

（二）实施文化创新驱动发展战略

从哲学理论上说，能否真正推动事物运动变化的新发展、形成新优势，关键在于有没有内因与外因相结合所产生的动力和活力。如果没有动力或者失去动力，那么即使有再明确的目标和方向还是无法继续前行，更不要说能到达理想的终点；如果没有活力或失去活力，那么即使有再好的条件和基础还是无法发挥作用，更不要说能形成发展的优势。这对于广州建设全球区域文化中心城市而言，道理也是同样的。一个城市如果没有文化建设的动力和活力，纵然它有对文化建设和发展的目标和希望，其结果只能是缘木求鱼，而不可能真正如愿以偿。所以，建设全球区域文化中心城市不能只停留在口头上，而要落实到推动广州城市建设和发展的具体行动中。当前，要通过全面实施文化创新驱动发展战略，来调动和激发全民族、全社会文化创新创造活力，以形成推动文化建设取向现代化和国际化发展的强大动力。

创新驱动发展战略，是党的十九大在决胜全面建成小康社会、开启全面建设社会主义现代化新征程的总体布局中提出的一项重要举措。全面实施创新驱动发展战略是坚持新发展理念，全面贯彻党的基本理论、基本路线、基本方略的实践要求。全面实施创新驱动发展战略的关键就在于创新，因为"创新是引领发展的第一动力"[1]。在文化建设上，全面实施创新驱动发展战略关键也在于推动创新。既要通过文化管理体制机制的全面改革创新，来调动全社会参与文化建设和发展的积极性、主动性和创造性；又要通过繁荣文化市场、扩大文化消费的体制机制创新，来推动文化产品生产、流通和服务的多元化经营和多层次供给，引导文化事业和文化产业相互促进、健康发展。

---

[1] 习近平：《决胜全面建成小康社会　夺取新时代中国特色社会主义伟大胜利——在中国共产党第十九次全国代表大会上的报告》，人民出版社，2017年，第31页。

广州全面实施文化创新驱动发展战略，要着重围绕提升城市文化引领功能来展开。换而言之，要把创新驱动落实到能推动广州文化建设如何发挥引导、带动和示范作用之上，要夯实建设全球区域文化中心城市的文化基础。走过四十年文化建设和发展的历程，今天的广州并不是没有文化，更不是所谓的"文化沙漠"，而是在与许多兄弟城市的比较当中确实缺乏有足够引领能力的文化"大师""大作""大气"和"大业"，而且在国际化发展的背景下这样的引领能力还显得不够强大。所以，广州要把文化创新驱动发展战略落实到推动文化建设新发展的各个方面，尤其要通过体制机制的创新和突破，营造广州推动引领型文化发展的新优势和新气象。

（三）在国际舞台上展示文化魅力

法国著名作家雨果有句名言：人有了物质才能生存，有了理想才能生活。这其实就是说，人跟动物最大的区别就是人要有精神文化生活。在这一意义上，人类进步和发展史可以看作是一部文化发展史，或者说是一部人类文明的发展史。在社会发展过程中，文化建设和发展显然从来都是不可或缺的，而且人类社会越是告别野蛮走向文明就越需要文化提供的理性滋养和文化带来的精神满足。所以，文化建设不应该是可有可无的，也不是间断性的，那种认为文化建设"说起来重要、做起来次要、忙起来可以不要"的观点是完全错误的。

社会主义的文化建设要与人民群众对精神文化生活发展要求相适应，要不断提供丰富的精神食粮。尤其是在物质生活水平普遍提高的基础上，人民群众对美好生活的期待就越来越变成对文化和审美的追求，表现为各种文化需求在品质和档次上的提升。所以，在中国特色社会主义进入新时代之后，随着社会主要矛盾转化为人民日益增长的美好生活需要和不平衡不充分的发展之间的矛盾，如何全面提升文化产品和服务供给的数量和质量，以更好地满足人民群众过上美好生活对精神文化生活的需要，就成为推进文化建设的重中之重。

广州要在改革开放四十年不断夯实和完善城市公共文化服务体系建设的物质基础、不断提升和优化公共文化服务能力建设的现代化水平上，以人民群众过上美好生活对文化需求的期待为导向，进一步加快构建现代公共文化服务体系，以更高水平的优质公共文化产品和服务供给，让人民群众在广州过上"诗意般栖居"的美好生活，以增强对自己精神家园的心理认同以及精神满足上的获得感和幸福感。尤其要将构建现代公共文化服务体系纳入全面深化改革、提升发展质量和效益的全局，以基层、农村、边远地区作为重点，着力解决区域、城乡、人群之间公共文化资源、服务欠均衡问题，让全市人民可以共享文化发展成果，共同迎接过上更加幸福美好生活的新时代的到来。

三、城市文化未来发展的着力点

中国特色社会主义进入新时代，表明我们比历史上任何时期都更接近、更有信心和能力实现中华民族伟大复兴的目标。对于广州文化建设和发展而言，进入新时代需要确立全球化的视域和境界，以"打造全球区域文化中心城市"为目标，树立更加坚定的文化自信，以更有力的抓手推动文化建设迈向新征程、取得新突破、展现新成效，切实推动广州文化建设和发展走向更有区域影响力和国际影响力的繁荣兴盛。当前，推动广州城市文化建设的未来发展要紧紧围绕贯彻落实《粤港澳大湾区发展规划纲要》对广州发展提出的要求，抓住粤港澳大湾区发展的重要机遇，把广州走向国际化发展的文化地位、功能和作用充分发挥出来，并使之真正形成优势、产生效应。

（一）发挥岭南文化中心地的凝聚功能

在粤港澳大湾区建设中，最大的优势就在于三地同属于以岭南文化为根脉的社会生活圈，在千百年来同根同脉、同宗同族、同生同长的历史繁衍与相互交往中，形成了很强的文化认同感和心理归属感。有了这样的文化纽带，可以为粤港澳大湾区建设面临的各种复杂问题找到相互理解、相互包容、相互得益的解决方案。这就是推进粤港澳大湾区建设最有利的文化基础，也是构建互利互惠合作发展新机制最重要的思想前提。建设粤港澳大湾区的国家战略将有利于粤港澳地区新一轮的大发展，是造福于粤港澳地区百姓的大好事，就应该基于粤港澳之间的文化联系和文化生态来考虑共同发展的路径选择问题。这就要求，在粤港澳大湾区建设中要在文化同根源的基础上，培育彼此相互认同的文化价值理念，构建互联互通、功能互补、优势叠加的利益共同体、命运共同体和责任共同体。

作为岭南文化的中心地，不论是历史文化资源积淀的厚重，还是近代以来岭南文化迸发出"敢为人先"的时代精神，广州都展现出最绚丽的风采和最有力的担当。今天，在粤港澳大湾区的建设中广州同样要有这样的担当，要发挥出岭南文化中心地应当具有的文化整合效应，把粤港澳地区人们最为崇尚的文化价值理性展现出来，凝聚成推动粤港澳大湾区建设所需要的强大精神力量。因为文化整合功能是文化中心地才能形成的文化聚核效应，其中既有历史传承的先在性也有创新发展的后起性。

在粤港澳大湾区的城市群中，广州目前作为岭南文化的中心地还是无可厚非的，但是也必须通过推动岭南文化的创造性转化和创新性发展来巩固和提升，才能让广州始终保持这样的文化地位和文化优势。因而，对岭南文化的根脉保护与活态发展，广州不能因循守旧、封闭僵化，更不能自命不凡、无所作为。要从建设和彰显广州作为岭南文化的根源地和集聚地上下功夫，进一步发挥岭南文化对粤港澳大湾区建设的吸引力、辐射力和带动力。

1.要把广州作为岭南文化中心地的文化标识和文化精髓提炼出来、展示出来

习近平总书记在全国宣传思想工作会议上的讲话中明确提出："要把优秀传统文化的精神标识提炼出来、展示出来，把优秀传统文化中具有当代价值、世界意义的文化精髓提炼出来、展示出来。"[1] 把这一要求落实到广州的城

---

[1]《习近平在全国宣传思想工作会议上强调：举旗帜聚民心育新人兴文化展形象更好完成新形势下宣传思想工作使命任务》，《人民日报》，2018年8月23日。

市文化建设中，就要把广州作为岭南文化中心地的文化标识和文化精髓提炼出来、展示出来。这样的提炼和展示既是广州文化建设所必需的，也是要推动粤港澳大湾区文化建设所必需的。因为岭南文化是粤港澳地区共同的文化根基和共同的文化习惯，在长期的历史流变中不仅保持着共同的话语表达方式，而且内含着共同的人文价值追求。通过对广州深厚文化底蕴的深入挖掘，把其作为岭南文化中心地的文化标识和文化精髓提炼出来、标识出来，并让其成为粤港澳大湾区建设中文化身份认同的重要标志和形成共同理想的精神内核。尤其要重视把岭南文化的标识注入城市生活的空间，让岭南文化中心地最鲜明的文化特色感性直观地展现出来，形成具有审美价值的视觉认知。

2. 要把广州作为岭南文化中心地的文化根脉和文化优势挖掘出来、展示出来

广州作为岭南文化中心地不是自诩的，而是在岭南聚居繁衍的南越族人千百年来以此为中心开展社会生产、进行社会交往、享受社会生活所形成的历史定位。广州建城始于公元前214年秦始皇统一岭南后设立南海郡，首任郡尉任嚣主持修筑的番禺城（史称"任嚣城"）。从那时起，广州就作为郡治的首府而具有岭南政治经济文化中心的重要地位，并逐渐孕育、积淀出作为岭南文化重要组成部分且最能代表岭南文化品格与特质的广府文化。这样的文化厚重既是广州特有的精神财富，更是粤港澳地区文化同根源远流长的历史源头。然而，目前广州对这样的文化根脉和文化优势还不够重视，其影响力的发挥也不足。为此，要加强对岭南文化古迹的保护性挖掘、开发和利用，把自古以来广州作为岭南文化中心地源远流长的历史记忆彰显出来；更要广泛开展各种形式的文化寻根活动，包括到广州开展姓氏寻根、家族寻根、民俗寻根等，以培育和增强粤港澳地区百姓对岭南文化的归属感、认同感和自豪感，从而基于文化自信凝聚起推动粤港澳大湾区共同发展的精神力量。

3. 要把广州作为岭南文化中心地的民俗文化和传统艺术保护下来、传承下来

民俗文化活动和传统文化艺术是历史文化留存的活化石，它体现人们对

传统文化的尊敬和喜爱，内含着世代相传的文化信仰、文化表达、文化操守和文化追求。其中，最为重要的表现方式是各种经典文化故事的艺术化演绎，以及各种民俗文化活动的广泛开展。粤曲粤剧、广东音乐、岭南画派、龙舟狮舞、佛道妈祖、迎春花市、重阳登高、乞巧节、波罗诞、咸水歌、舞火龙等，都是岭南文化的重要传承。广州要把这些非物质文化遗产保护好、传承好，并通过举办丰富多彩的民间文化交流活动、联谊活动、展演活动、庆典活动，充分发挥广州文化机构、文艺院团和文艺人才的带动作用，在粤港澳大湾区建设中推动营造以岭南文化为纽带的共商共建共享的精神文化家园。

（二）发挥作为中华文明展示地的引领功能

粤港澳大湾区建设是一项前无古人的伟大实践。能否在"一国两制"的政治优势、相互依存的地缘优势和各有所长的协同优势中实现湾区内部自组织体系的结构优化和功能提升，迫切需要有文化的支撑和文化的引领。粤港澳地区的突出特点是"一国两制"条件下的制度差别，存在不同的法律和制度约束。要把粤港澳大湾区建设成为互联互通、功能互补、优势叠加的"国际一流湾区"和"世界级城市群"，必然会在政府职能、利益归属、体制机制、标准认证和资源环境等方面遇到这样或那样的困难和挑战。所以，粤港澳大湾区的建设迫切需要通过共建人文湾区来促进文化共识来推动彼此间的协同发展。

以"一国两制""港人治港""澳人治澳"为基本前提，培育粤港澳大湾区建设的文化共识，最重要的共识是要"增强香港、澳门同胞的国家意识和爱国精神，让香港同胞、澳门同胞要与祖国人民共担民族复兴的历史责任、共享祖国繁荣富强的伟大荣光"。因为粤港澳大湾区建设是关系到中华民族伟大复兴的强国战略，必须站在国家意志和国家利益的高度才能凝聚相互合作、共同发展的思想共识和精神力量，才能超越不同社会制度、不同利益主体、不同法律体系的约束，从共处于一个湾区的地缘框架和全局思维来谋化相互合作、共同发展的新途径、新动能和新优势。那么，国家意识和爱国精神应当如何确立？这并不是抽象的而是具体的。从文化层面而言，它除了从情感上培养对祖国的敬仰而产生爱恋之外，还需要有能为祖国的发展进步而感到骄傲和自豪的理性认知和心理满足。这就需要有展示主流文化形态所主导的生活方式和社会生活氛围来表明国家的不断进步和发展。

改革开放以来，广州和深圳快速发展的历史性巨变都是国家进步和发展最成功、最鲜活的例证，成为向世界展示我国改革开放成就的"重要窗口"和国际社会观察我国改革开放的"重要窗口"。在粤港澳大湾区建设中，要全面推进内地同香港、澳门的互利合作，开创粤港澳大湾区建设共同走向世界、实现共赢发展的新局面，就需要进一步发挥这样的"窗口"作用，以促进国家意识和爱国精神在广大港澳同胞心中转化为强烈的国家认同感和民族自豪感。因此，广州的文化建设要站在代表中华文明的新发展并展示大国风范的战略高度来布局和推进，充分强化作为国家中心城市应当具有的文化引领功能。

就广州而言，自从秦统一中国设立"南海郡"以来，其前身"任嚣城"已经是大中国的岭南重镇，与祖国的发展命运密切联系在一起，有着家国意识同构的深厚内涵。在悠久的历史传承中，广州都作为国家政权机构统一管理的重要组成部分，始终体现着主流社会的生活样式和主导价值观的文化品格，展示着与社会历史进步相适应的国家发展状态。近代以来，广州的发展更加与国家的命运息息相关，从"三元里抗英"到"太平天国运动"，再到"戊戌变法""辛亥革命"，再到"中共三大""广州起义"，再到"改革开放"和中国特色社会主义进入新时代的今天，广州都始终走在全国前列发挥着先锋和表率作用，肩负着为国家强盛、民族振兴而奋斗的崇高使命。可以说，广州一直与国家的命运联系在一起，是代表中华文明发展的重要缩影。因此，在粤港澳大湾区建设中广州就更要充分展示代表当今中国文明发展的时代风采，让"文明广州"成为人们向往美好生活的示范地，让以社会主义核心价值观为主导的文化建设在广州发挥出文明示范和引领发展的"头雁"效应。

习近平总书记指出："社会主义核心价值观是当代中国精神的集中体现，

是凝聚中国力量的思想道德基础。"[1]他强调:"要坚持'两手抓、两手都要硬',以辩证的、全面的、平衡的观点正确处理物质文明和精神文明的关系,把精神文明建设贯穿改革开放和现代化全过程、渗透在社会生活各方面,紧密结合培育和践行社会主义核心价值观,大力倡导共产党人的世界观、人生观、价值观,坚守共产党人的精神家园。"[2]广州作为改革开放前沿地和排头兵,是向世界展示我国改革开放成就的"重要窗口",也是国际社会观察我国改革开放的"重要窗口",因而就要继续在加强社会主义精神文明建设、培育和践行社会主义核心价值观上下功夫,进一步推动文明城市创建工作迈上新水平。要在落细、落小、落实上下功夫,动员全社会共同参与、共同行动,使培育和践行社会主义核心价值观"与人们的日常生产生活深度融合,成为全体人民日用而不觉的行为准则"[3],"引导和推动全体人民树立文明观念、争当文明公民、展示文明形象"[4],使城市文明的整体水平和市民的精神面貌得到进一步提升,以显示以社会主义核心价值观引领社会文明进步的强大力量,并在粤港澳大湾区建设协同发展中展示出文明广州的时代风采。

(三)发挥作为新型文化汇聚地的驱动功能

岭南文化有一个非常重要的特点就是开放包容、开拓创新,能够广泛吸收外来文化之长补己之短,从而形成自己的文化优势。改革开放以来,广州在粤港澳之间一直发挥着推动交流与合作的重要作用。在改革开放过程中,伴随着广州与港澳经济往来和人员往来的不断增加,文化之间的交流与合作也不断深化。在通过港澳学习引进国外先进的科学技术和管理经验的同时,广泛开展粤语文化之间的交流与合作,把港澳台的流行文化(通俗歌曲、影

---

[1]《习近平谈治国理政》(第二卷),外文出版社,2017年,第351页。

[2]《习近平谈治国理政》(第二卷),外文出版社,2017年,第324页。

[3]中共中央宣传部:《习近平新时代中国特色社会主义思想三十讲》,学习出版社,2018年,第198页。

[4]《习近平谈治国理政》(第二卷),外文出版社,2017年,第324页。

视作品等）大量引进过来，在丰富群众业余文化生活的同时促进自身的文化发展，使广州一度成为在文化娱乐方面影响全国的"流行前线"。

在改革开放过程中，为适应经济社会发展要求，满足人民群众不断增长的精神文化生活需要，广州在文化建设上逐步开始以市场化发展为取向、以满足大众文化消费需求为重点的实践探索。1979 年初广州东方宾馆开设了全国第一家营利性的"音乐茶座"；1988 年广州电视台策划的"美在花城"广告新星大赛，成为率先开设大型综艺节目的广州品牌；从 1987 年 1 月起，《广州日报》在全国地方性报纸中最先由 4 版扩至 8 版，成为华南地区发行量、零售量、订阅量和传阅率均为第一的报纸；1984 年以广州改革开放为题材创作的电影《雅马哈鱼档》，以及电视连续剧《情满珠江》《公关小姐》《商界》《外来妹》等，在全国成为热播剧；等等。可以说，得改革开放风气之先的广州，在文化建设上形成了有全国影响的"广式文化潮"，这是广州形成文化创新力的重要基础。

在粤港澳大湾区建设中，广州应当进一步加强与港澳的文化交流与合作，利用文化相融的有利条件为各种新型文化的汇聚提供空间和渠道。粤港澳大湾区城市群集中在环珠江口的地理区域，人们在日常语言、生活方式、思想观念、风俗习惯、性格特征等都有原生态的文化相同性和契合性，这是粤港澳大湾区建设最重要的文化基础。有了这样的基础，粤港澳大湾区建设就可以在求同存异的文化相融中找到可以达成共识的公共性话语体系，消弭不同文化形态之间存在的疏离或分歧，为城市群之间文化优势互补、功能整合、品质提升提供内源性的系统整合。今天，在粤港澳大湾区建设中广州更需要深化与港澳的文化交流与合作，通过对资源、资金、人才、技术和市场等多元要素的系统整合，实现大湾区内部文化产业链的区域合理布局，以广—深—港"创新走廊"为核心轴，以珠江两岸协同发展为产业带，推动粤港澳文化产业发展在国际上形成新动能、新优势和新影响。

要通过加强穗港澳的文化交流与合作，扩大新型文化在广州的汇聚效应，为落实创新发展理念、实施创驱动战略提供文化基础。在信息化、智能化的背景下，实施创新驱动发展战略已越来越成为推动创新发展的路径选择，不仅要关注创新发展所需要的新产业、新业态、新技术和新商业模式，而且还要关注如何加快形成推动创新发展的新体制、新供给、新组合和新主体。现在的问题是，改革开放和经济社会发展已经进入全面转型升级的新阶段，广州必须面对如何加快提升自主创新能力的严峻挑战。不论是从建设国家中心城市的历史重任来看，还是从构建枢纽型网络城市的必然要求来看，树立创新发展理念、培育创新文化、提升创新能力都具有前所未有的重要性和紧迫性。因此，广州要利用自己基于穗港澳合作和对外开放所形成的文化市场优势，让各种新型文化在这里汇聚，从而形成引领创新驱动发展的文化效应。

要通过全面深化改革，切实为各种有利于推动创新发展的新型文化汇聚提供政策支持和制度保障。广州素有"西来初地"的文化传承，是对外开放和商贾云集的"千年商都"。伴随海外贸易的发展文化交流非常频繁和不断深化，世界各地的新型文化、流行文化也蜂拥而至，开放包容的广州自然成为"时尚之都"。曾经对中国人的文化心态产生巨大影响的"广式文化潮"也是基于广州这座城市的文化品格和先行一步的制度创新而形成的。今天，要让这种文化汇聚的活力进一步增强并形成推动创新发展的文化基础，就迫切需要通过全面深化文化管理体制和文化生产经营体制的改革创新，让推动文化繁荣发展的源泉充分涌流。

这其中很重要的一点就是需要通过加强以企业为主体的创新文化建设来落实创新发展理念、探索创新发展路径、制定创新发展目标、出台创新发展举措，以企业家精神的激发形成对创新活动的引领和推动，来实现创新能力的集聚和创新水平的提升。从文化发展的视角而言，广州需要在体制机制创新方面有更大的作为，为推动文化发展提供更有引领力的政策支持和制度保障，让更多怀揣梦想的文化创新人才尤其是文化企业家愿意选择广州作为施展才华舞台，能在广州找到自己实现梦想的广阔空间。这是广州在粤港澳大湾区建设中形成文化发展活力的关键所在。

主要参考文献

[1] 习近平. 习近平谈治国理政 [M]. 北京：外文出版社，2014.

[2] 习近平. 习近平谈治国理政（第二卷）[M]. 北京：外文出版社，2017.

[3] 中共中央宣传部. 习近平新时代中国特色社会主义思想三十讲 [M]. 北京：学习出版社，2018.

[4] 习近平. 决胜全面建成小康社会　夺取新时代中国特色社会主义伟大胜利——在中国共产党第十九次全国代表大会上的报告 [M]. 北京：人民出版社，2017.

[5] 刘易斯·芒福德. 城市文化 [M]. 宋俊岭，李翔宁，周鸣浩，译. 北京：中国建筑工业出版社，2009.

[6] 刘易斯·芒福德. 城市发展史——起源、演变和前景 [M]. 宋俊岭，倪文彦，译. 北京：中国建筑工业出版社，2005.

[7] 塞缪尔·亨廷顿，劳伦斯·哈里森. 文化的重要作用——价值观如何影响人类进步 [M]. 程克雄，译. 北京：新华出版社，2002.

[8] 保罗·谢弗. 文化引导未来 [M]. 许春山，朱邦骏，译. 北京：社会科学文献出版社，2008.

[9] 戴维·英格利斯. 文化与日常生活 [M]. 张秋月，周雷亚，译. 北京：中央编译出版社，2010.

[10] 贝淡宁，艾维纳. 城市的精神：全球化时代，城市何以安顿我们 [M]. 吴万伟，译. 北京：重庆出版社，2012.

[11] 高占祥. 文化力 [M]. 北京：北京大学出版社，2007.

[12] 鄢本凤. 社会主义和谐文化建设研究 [M]. 北京：人民出版社，2010.

[13] 贺善侃. 国际大都市公益文化比较研究 [M]. 上海：学林出版社，2010.

[14] 鲍宗豪. 国际大都市文化导论 [M]. 上海：学林出版社，2010.

[15] 姜华. 大众文化理论的后现代转向 [M]. 北京：人民出版社，2006.

[16] 杨苗青，刘小钢. 文化都市：大城市以文化论输赢 [M]. 广州：广州出版社，2002.

[17] 陈少峰. 文化的力量 [M]. 北京：华文出版社，2013.

[18] 陈立旭. 重估大众的文化创造力——费斯克大众文化理论研究 [M]. 重庆：重庆出版集团，重庆出版社，2009.

[19] 刘绍坚. 文化产业：国际经验与中国路径 [M]. 北京：中国社会科学出版社，2014.

[20] 祁述玉，窦维平. 文化建设案例集（第 3 辑）[M]. 北京：中国言实出版社，2011.

[21] 牛文元. 中国新型城市化报告 2010[M]. 北京：科学出版社，2010.

[22] 张继平. 智慧城市支路：科学治理与城市个性 [M]. 北京：电子工业出版社，2011.

[23] 广州市社会科学联合会. 开放高地：迈向全球城市 [M]. 北京：世界图书出版公司，2017.

[24] 屈哨兵，陆志强. 中国广州文化发展报告（2017）[M]. 北京：社会科学文献出版社，2017.

[25] 韩永进. 中国文化体制改革 35 年历史叙事与理论反思 [M]. 北京：人民出版社，2014.

[26] 金元浦，等. 文化复兴：传统文化的现代价值 [M]. 北京：中国人民大学出版社，2014.

[27] 李丽. 文化困境及其超越 [M]. 北京：人民出版社，2013.

[28] 梁凤莲. 认定与打造：广州市各区品牌文化研究 [M]. 广州：广东人民出版社，2013.

[29] 范玉刚. 道可非：关于文化机制的祈想 [M]. 北京：人民日报出版社，2010.

[30] 陈宇飞. 城市文化概论 [M]. 北京：文化艺术出版社，2008.

[31] 陈宇飞. 文化城市图景：当代中国城市化进程中的文化问题研究 [M]. 北京：文化艺术出版社，2012.

[32] 李仁武主编. 守正创新：走向文化自信的广州 [M]. 广州：广州出版社，2018.

[33] 李权时，顾涧清，等. 广府文化论 [M]. 广州：广州出版社，2013

[34] 李锦全，吴熙钊，冯达文. 岭南思想史 [M]. 广东人民出版社，1993.

[35] 广州岭南文化研究会编. 西关文化 [M]. 广州：广东人民出版社，2013.

后 记

　　本书是自己近年来一直关注城市文化建设和发展问题研究所形成的学术心得，也是在主持 2017 年广州市社科规划重点课题"构建广州枢纽型文化网络体系研究"、2012 年广东省党校（行政学院）系统哲学社会科学"十二五"规划项目"提升城市文化形象与品位的对策分析"、2018 年中共广州市委党校重点课题"提升广州作为粤港澳大湾区文化枢纽的引领能力研究"等多项相关课题研究的基础上，把自己公开发表的相关学术论文进行系统梳理、补充和完善所形成的研究成果。该书能够顺利出版也得益于这些相关研究项目提供的经费支持。本书的出版意味着自己在这一领域的研究有了一个比较集中、相对完整的学术思考，表明自己在学术研究的路上留下了一份小小的总结。

　　课题研究和本书的出版，要感谢中共广州市委宣传部副部长、广州市社科联主席曾伟玉同志的关心、鼓励和支持，她对我们开展课题研究所遇到的问题和困难及时给予了多方面的指导和帮助。2018 年中共广州市委宣传部组织广州市社科联专家联合编写《广州改革开放四十年》丛书，我应邀参加并主编《守正创新——走向文化自信的广州》，这为本书的写作奠定了重要基础。要感谢中共广州市委党校常务副校长孟源北研究员、巡视员陈治桃副教授、副校长丁旭光研究员、副校长尹德慈教授给予的关心、支持和帮助。近年来，中共广州市委党校对教学科研一体化的融合发展高度重视，强调干部教育培训要以科研为基础，并把科研成果应用于教学培训课程，以提高"用学术讲政治"的能力和水平。本书的研究内容，有的已进入干部培训的专题课教学，相关课程有《坚定文化自信　推动社会主义文化繁荣兴盛》《提升国家中心城市的文化引领功能》《弘扬岭南文化与提升广州文化软实力》《创新文化与创新能力建设》等，这些课程的教学也推动了相关研究的不断深化；有的内容还作为决策咨询报告，进入了有关部门的决策视野，发挥了学术资政的重要作用。这些是本书出版的重要背景。中共广州市委党校科研处对本书的出版给予了很大的支持和帮助，尤其在课题经费的使用上做了很多沟通协调工作。

本书的出版还要感谢哲学与文化教研部的研究团队在课题研究上的支持和配合。从"哲学教研部"更名为"哲学与文化教研部"以来，教研部的教学研究重点开始转向到文化学研究，这是一次重要的转型发展。因为要在文化学领域的研究有所建树，就要选择好研究方向和突破口。近年来，我们把广州城市文化建设和发展作为学科建设的聚焦点，开展了一系列的课题研究并取得了不少成果，其中重大项目的研究都是课题组成员共同研究完成的，前文提到的《守正创新——走向文化自信的广州》就是团队合作的重要成果，体现了团队研究的整体实力。作为团队负责人，自己在组织项目研究过程中经常与大家交换意见，大家的学术观点都是很有见地、富有启发的，让我受益良多。在本书的写作过程当中，有些内容吸收了团队成员的智慧和建议，在此深表感谢。

在本书的写作过程中，学习和参阅了许多国内外学者的相关研究成果。书中直接引用的文献已经标明了出处，有不少文献虽然没有直接引用但给了我重要的参考和启示，在此我先向各位同人表示十分诚挚的感谢。因为有各位学界同人的研究作为基础，才让我可以更深入地看到城市文化建设和发展需要注意哪些重要问题，应当如何把握它的发展规律、发展趋势，应当给出什么样的路径选择，这些参考对完成项目研究都是必不可少的条件，所以要衷心致谢。当然，拙作的研究作为与同人交流的粗浅心得，疏漏和错误更是难免，也恳请各位同人和读者批评指正。

本书的写作和出版，还要感谢我的夫人麦佶妍教授。她既是我的贤内助，也是我的课题组成员之一，不少相关研究项目都是在她的支持和帮助下完成的。她长期在中共广州市白云区委党校工作，对城市社区基层文化建设的情况非常熟悉，也有很扎实的学术研究功底，在理论与实践相结合的应用研究方面有许多便利的条件和优势。在建设城市公共文化服务体系、推动城乡基本公共文化服务标准化和均等化发展等方面，本书都采用了她给出的学术观点。

最后在本书出版之际，我要感谢出版社对本书出版的高度重视和各位编辑为此付出的辛劳。尤其是本书策划刘斐斐自始至终满腔热情的关注和执着，经常督促书稿的进度、交稿的时间，一直在为本书的出版进行各方面的沟通和协调，可谓尽心尽力、服务周到。本来工作就很忙，我心想慢慢写出来也是可以的，但是她对工作的认真很让我感动，所以就按她的节奏把书稿交出来了。可以说，如果没有她的这份执着，这本书就真不知道何时才能付梓。感谢您，辛苦了！

李仁武

2019 年 5 月 23 日